海岛明珠普吉岛
PHUKET ISLAND

《中国公民出游宝典》编委会 编著

中国公民出游宝典

测绘出版社

《中国公民出游宝典》编委会

顾　　　问：刘振堂　刘一斌　杨伟国
编委会主任：高锡瑞

编委会成员（排名按姓氏笔画）：
万经章　王雁芬　卢永华　石　武　刘一斌
刘志杰　刘振堂　许昌财　江承宗　李玉成
吴克明　杨伟国　时延春　胡中乐　赵　强
高锡瑞　黄培昭　甄建国　潘正秀　穆　文

人文地理作者：刘志杰

策　　划：赵　强
责任编辑：黄　波
地图编辑：黄　波
责任印制：陈　超
图片提供：泰国国家旅游局北京办事处　覃　剑
　　　　　刘志杰　张新春　微图图片

总序

当今的中国已成为世界上顶级旅游大国之一，迄今我国已批准了140多个国家和地区为中国公民自费出境旅游的目的地，出境旅游的人数急剧上升，2012年全年已超过8300万人次。这就意味着我国的境外游已达到"升级换代"的阶段。至少对那部分有更高要求的游客，必须有新的旅游产品来满足他们新的需求。

中国地图出版集团旗下，测绘出版社文化生活出版分社组织编写的《中国公民出游宝典》丛书生逢其时，丛书由"人文地理"、"旅游资讯"、"地图导览"三部分组成，具有权威、代表、专业和针对性四大特点。这恰恰是面向中高档次的出境游客的一套货真价实的高端旅游丛书。

一、权威性。参与撰写"人文地理"的作者为我国前驻外使节及其他资深外交官。他们长期从事外事工作，不但熟悉驻在国（地）的地理环境、自然风貌，而且深谙当地的文化习俗、风土人情、历史沿革和特质长项。这些作者多为外交笔会成员，有写旅游丛书的经验，行文严谨、准确、细腻，耐人寻味咀嚼。所以，本丛书提的口号"大使指路，游客追捧，跟着外交官去旅游"是恰如其分的。

二、代表性。在世界200多个国家和地区中，精选出十几个国家和地区，其前提是旅游资源十分丰厚。我国开放出国旅游以来，中国游客青睐、向往之地，在人文、地理、自然、物产和良风益俗诸多方面具有独到之处，在地区或世界上颇有知名度，适宜较高品味的旅游享受。

三、专业性。由权威的旅游专家提供合理的旅游实用资讯，丛书配有执笔者与相关驻华旅游局提供的旅游目的地最新照片，进而图文并茂，游客可未到先知，扩大了选择的余地。抵达后"按图索骥"，更会加深美好的印象。特别值得一提的是，测绘出版社作为本丛书的策划者还提供了详实的旅游地图，方便游客的出行。

四、针对性。在我国经济与社会发展到当今的水平，中高档的出国旅游者，远不满足于浮光掠影、走马观花式的普通游览，提高知识性、趣味性、舒适性成为中高档游客的普遍诉求。故本丛书刻意着墨于"景点背后的故事"，以作者的感悟归纳与凝练，尽量做到简洁明快，易记好懂，令旅行者阅后犹如观实景，穿越时空的隧道，尽享上品的快意与雅趣。

旅游是一部永远读不完的百科全书。洞悉目的地国或地区的方方面面，本身就是对别人的一种尊重与欣赏。而当地人自然也会通过我们这些来自中国的游客，哪怕只是一颦一笑、举手投足，都可窥见中国人及其国家的品位、风貌和素养。坦言之，出版这套丛书有着双重初衷，既为中高档游客提供更多便利，也为我国游客在国门之外的言行举止称得上"中高档次"而提供帮助。让旅游目的地国在分享"旅游红利"的同时，也通过我们的游客分享我国的成长、进步与文明的果实。

刘振堂[*]

2013.6

---

[*]中国资深外交官，中东问题专家，前驻伊朗、黎巴嫩大使。

序

　　游山玩水、回归自然是人类的天性，外出旅游是人生的一大乐事。到哪里去旅游呢？比较时兴的一个选择是，到一个有3S的地方去。何为3S？那就是：大海（sea）、阳光（sun）和沙滩（sand）。

　　普吉岛是泰国第一大岛，被誉为"安达曼海上的明珠"，是亚洲最值得游玩的岛屿之一。近年来，越来越多的中国游客开始将目光转向普吉。除了普吉自身的旖旎风光外，其周边的32个小岛，个个风光独特，沙质细腻、海水清澈、天蓝云白。经过几十年的发展，普吉岛的旅游服务业已经相当成熟。交通发达、服务周到、配套完善，为游客提供了很好的便利。中国的寒冬时节，正是普吉岛的旅游旺季。脱去厚重的冬装，扑向大海的怀抱，再次享受夏日的热情和习习海风，正是普吉旅游的独特魅力所在。

　　《海岛明珠普吉岛》一书，从历史、民俗、交通、住宿、景点和海滩等各个方面务求详尽地介绍普吉岛的自然风光和旅游服务。希望能为朋友们提供一些实用的旅游指南和参考资讯。书中部分图片系泰国国家旅游局驻北京办事处提供，特此鸣谢！

　　由于水平所限，书中所述难免挂一漏万、以偏概全。还望读者批评指正。

刘志杰
2014.2

目 录 CONTENTS

PART 1 人文地理

普吉概况　　　　　　　　　　002

1. 地理概况　　　　　　　003
2. 人口状况　　　　　　　004
3. 种族和宗教　　　　　　004
4. 交通状况　　　　　　　005
5. 物产资源　　　　　　　006
6. 经济地位　　　　　　　006
7. 自然气候　　　　　　　007
8. 旅游状况　　　　　　　010

普吉发展史　　　　　　　　　012

民俗九皇斋素食节　　　　　　016

普吉市　　　　　　　　　　　019

主要名胜　　　　　　　　　　020

1. 帝王岛："世外桃源"　　　　　022
2. 披披岛：炙手可热的度假胜地　022
3. 卡马拉海滩：不可错过的原始渔村风貌　024

4. 普吉城镇：保存完整的古老建筑　　　　　024
5. 攀牙湾：泰国"小桂林"　　　　　　　　025
6. 珊瑚岛：水上运动的绝佳地　　　　　　028
7. 普罗贻角（神仙半岛）：感受海洋日落的美丽 028

泰国的特色文化　　　　　　　　029

1. 泰国概况　　　　　　　　　　　029
2. 泰国简史　　　　　　　　　　　034
3. 泰国的宗教　　　　　　　　　　035
4. 泰国的人妖现象　　　　　　　　040
5. 泰国的文化艺术　　　　　　　　041
6. 泰国的传统节日　　　　　　　　043
7. 泰国的独特服饰　　　　　　　　046

PART 2
旅游资讯 地图导览

最佳旅游季节　　　　　　050

出行安排　　　　　　　　051

1. 出行选择　　　　　　　　051
2. 路线规划　　　　　　　　051

实用信息　　　　　　　　052

1. 护照签证　　　　　　　　052
2. 机票预订　　　　　　　　052
3. 酒店预订　　　　　　　　053
4. 打包物件　　　　　　　　053
5. 货币兑换　　　　　　　　054
6. 购物退税　　　　　　　　054
7. 电源　　　　　　　　　　055
8. 时差　　　　　　　　　　055
9. 通讯　　　　　　　　　　055
10. 小费　　　　　　　　　　055
11. 网络　　　　　　　　　　056

交通　　　　　　　　　　056

1. 普吉岛的公交车　　　　　057

2. 普吉的租车自驾　　　　　　　　057
  3. 摩托车租赁　　　　　　　　　　058

饮食　　　　　　　　　　　　059

  1. 普吉岛主要美食介绍　　　　　　059
  2. 普吉的素食　　　　　　　　　　061
  3. 值得一去的美食餐厅　　　　　　063

住宿　　　　　　　　　　　　064

娱乐　　　　　　　　　　　　065

购物　　　　　　　　　　　　066

独特的旅游体验　　　　　　069

  1. 普吉浮潜　　　　　　　　　　　069
  2. 西蒙"人妖"表演　　　　　　　073

精华路线推荐　　　　　　　077

  1. 攀牙湾一日游　　　　　　　　　077
  2. 披披岛一日游　　　　　　　　　077
  3. 珊瑚岛—普罗贴角(神仙半岛)　　078
  4. 普吉岛三日游　　　　　　　　　078

特色旅游推荐　　　　　　　　081

1. 浪漫蜜月游　　　　　　　082
2. 高尔夫爱好者的天堂　　　088

普吉岛上的旅游热点　　　　095

1. 庙宇神寺　　　　　　　　096
2. 华人祠堂和泰华博物馆　　103
3. 其他知名景点　　　　　　106

普吉海岛、海滩旅游热点　　113

1. 主要海岛及海滩　　　　　114
2. 周边海岛及海湾　　　　　122

旅游须知　　　　　　　　　124

1. 国家禁忌　　　　　　　　124
2. 交往提示　　　　　　　　125
3. 安全手册　　　　　　　　127
4. 重要的联络方式　　　　　129

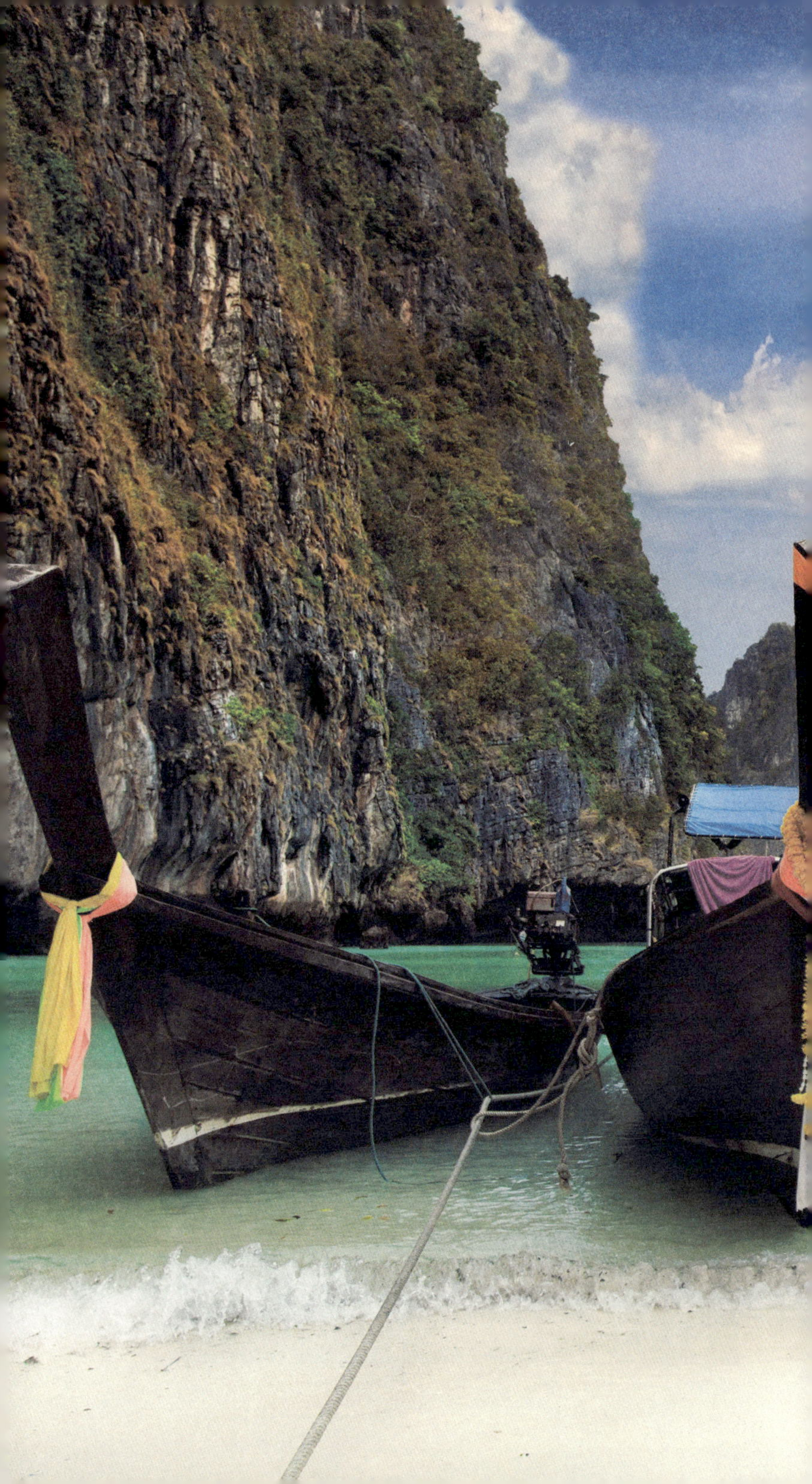

PART 1
人文地理

普吉概况

　　普吉岛是泰国最大的海岛,这里环境优美,资源丰富,又被人们形象地称为"珍宝岛"、"金银岛"。首府普吉市地处岛的东南部,是一个大港口和商业中心。

1. 地理概况

普吉岛位于泰国南部马来半岛西海岸外的安达曼海(Andaman Sea)上,被誉为"安达曼海上的明珠"。泰国人将自己国家比做"金斧头",普吉岛就位于这把金斧头的斧把边上。在地图上看,普吉岛位于北纬7°45′~8°15′和东经98°15′~98°40′之间,是泰国最大的岛屿,也是最小的府(Province)级行政区划。

普吉岛位于曼谷以南约867千米、赤道以北830千米,与埃塞俄比亚、尼日利亚和委内瑞拉处于同一条平行线上。该岛是一个由北向南延伸的狭长岛屿。南北长48.7千米,东西最宽处达21.3千米,面积约570平方千米。其中,主岛面积约543平方千米。除主岛外,周围还有32个小岛归属普吉府管辖,面积约27平方千米。

2. 人口状况

普吉的人口，泰国2011年官方统计注册常住人口为35.1909万人，未注册常住人口为10.3万人，流动人口约50万人。

3. 种族和宗教

普吉岛上民族不多，有泰族、华族、马来族和黎族等，另外还有海上吉普赛人，目前主要定居在小卡塔岛。18世纪后大批华人移居普吉，初期主要从事锡矿开采。宗教以佛教为主，也有小部分人信仰基督教和伊斯兰教。

4. 交通状况

普吉岛的北部以攀牙湾(Phangnaga Bay)为界，中间相隔490米的巴帕海峡(Pak Phra Channel)。在普吉岛的差猜码头(Chatchai Landing)和攀牙的塔侬码头(Tha Noon Landing)之间，建有660米长的沙拉信桥(Sarasin Bridge)，将普吉岛与马来半岛相连。

普吉岛的位置得天独厚，海、陆、空交通方便。普吉岛的深水码头是泰国著名的深水良港，是泰国海产品集散中心，海路交通四通八达。陆路交通可通往马来半岛，往南可通过合艾，直达马来西亚、新加坡；往北可通过曼谷前往清迈、清莱，直达缅甸；往东北可到达老挝、越南，也可通过昆曼公路直达昆明。岛上建有国际机场，与北京、上海、广州、香港、昆明、成都和重庆有直航航班，交通十分便利。

普吉游船

5. 物产资源

400多年前，人们发现普吉岛盛产锡矿，华人纷纷移居普吉。普吉成为泰国最主要的锡产区之一。此外，普吉盛产橡胶、海产品和热带水果。岛上商业和服务业比较发达。尤其是20世纪70年代以来，普吉的旅游业发展迅速，成为世界闻名的旅游胜地。旅游收入是普吉岛的第一大收入来源，普吉也成为泰南地区最富有的府。

6. 经济地位

泰国曾经在世界锡矿出口国中名列第三位。普吉是泰国南部主要的锡产区之一，锡矿开采前后持续了约400年之久，从而奠定了普吉今天经济发展的基础。20世纪70年代以来，随着锡矿资源的逐渐衰竭，普吉利用自身得天独厚的自然和气候条件，大力发展旅游业。如今，普吉每年接待大批外国游客前来旅游观光。虽然普吉作为泰南的一个府，旅游业取得迅猛发展，对泰国整体而言，普吉的经济比重还是比较小的。但作为泰国旅游业的一张金灿灿的"名片"，普吉在为泰国打造"旅游王国"的品牌方面，却发挥着举足轻重的作用。

披披岛

普吉岛周边的许多礁石系天然避风良港

7. 自然气候

（1）自然状况

普吉岛的地形富有多样性，约70%的面积为山区，中部和东南部的城区一带地势比较平坦。地质构造以花岗岩和沉积岩为主，有多座海拔约500米左右的小山，主山脉沿西海岸向南延伸。最高的山峰是迈陶西颂山（Mai Toa Sip Song），海拔为529米。平原地区主要是市区和农田，还有成片的橡胶园和椰林。在帕挑山国家公园（Khao Phra Thaewo National Park）的山上覆盖着成片的红树林和热带雨林，到处可见一派郁郁葱葱的热带风光。

普吉岛有许多优良海湾和海滩，其中，最好的海滩都在西海岸上。经过长年的海浪和雨水冲刷，在怪石嶙峋的海湾岩石边上，形成一个个天然海滩。沙质幼白细腻，海浪平缓，适宜游泳、浮潜以及乘坐香蕉船、摩托艇和滑翔伞等各种海上运动。东海岸也有一些小的海滩和石灰石浅滩，海滩附近生长着成片的红树林。尽管多次疏浚，清挖淤泥，但是这里曾大规模开采锡矿，因此各海滩的水下仍有大量的淤泥沉积。

环绕普吉主岛的32个小岛的地质特点主要分为两种，西部、南部和东部的小岛主要是花岗岩地质。这些小岛上多为热带雨林所覆盖，海滩优美，其中以大帝王岛和珊瑚岛为最优。北部和东部、南部较远处的一些小岛主要是石灰岩地质。这些小岛山势笔直，远远看去，好比一块块岩石直直地矗立在海上，如披披岛和攀牙湾的许多小岛，有泰国的"海上桂林"之称。这些石灰岩小岛从甲米府、攀牙府一直向普吉府东部延伸，直到泰国南部的董里府，形成一道十分奇特的风景线。

普吉岛的地质构造相对比较稳定，除了2004年底发生的印度洋海啸外，此前并未发生过严重的自然或地质灾害。每年雨季，有时会掀起一些较大的风暴，但也都算不上台风。这里有时也会因暴雨引发区域性的洪涝或滑坡等地质灾害，造成一些生命财产损失，尤其是那些建在陡峭山边的房屋会被山洪或山体滑坡冲毁。

历史上，普吉岛从未出现过火山活动。诚然，在普吉岛的下层，的确有一条小的断层线存在。2012年4月，普吉经历过一次很不寻常的4.4级地震，岛上的人们都明显感受到了地壳的晃动。但是，这次地震没有给普吉岛带来严重损失。这也是普吉岛现代史上第一次发生地震。

（2）气候环境

普吉岛地处热带，有着优美的自然环境、迷人的热带风光和丰富的旅游资源。这里气候宜人，十分利于发展旅游，也利于农作物生长。总的来说，普吉只有两个季节，即雨季和热季。

热季从每年的12月起至次年3月。期间，天气主要受东北季风影响，风力不强。平均每月的降雨量大约500毫米左右，平均温度为25℃～33℃。这期间最适宜从事海上运动，比如潜水、泛舟和游泳。此时正值旅游旺季，游客众多，宾馆和餐饮价格也是全年最高的。

雨季为每年的4月至11月。此时，风向由东北逐渐转为西南，属西南季风气候，这个时期，每月降雨量达到3000毫米左右。尽管如此，普吉也并非想象中的天天大雨倾盆或洪水泛

披披岛通赛湾

攀牙湾

滥。普吉的雨可以称之为"急风骤雨",一般持续20分钟左右。降雨时间一般是下午,大雨说来就来、说走就走,事前毫无征兆可言。雨水一般集中在某个区域,并非全岛或大面积下雨。大雨过后,马上就恢复碧海蓝天、阳光灿烂。大雨有时也会造成部分地区洪水泛滥,不过积水会很快泻去。雨季的气温非常宜人,一般不会超过30℃。降雨使岛上的瀑布更为壮观,使之成为登山旅游者的最爱。

8. 旅游状况

普吉的旅游业比较发达,游客多来自欧洲、美国、日本、韩国和马来西亚等国。近年来自中国的游客日益增多,2011年为47万人,2012年超过70万人。普吉海滩、海湾众多,有以纯

普吉海滩

净著称的卡马拉海滩、有私密性极好的素林海滩、有经常举行海上运动的珊瑚岛，还有夜生活丰富的巴东湾等。岛上有很多山，游客可以在岛上乘坐出租车或摩托车探险，也可以乘船出海潜水或浮潜，还有蹦极、冲浪、水上摩托、水下摩托和滑翔伞等活动。岛上有6个高尔夫球场，有的就设在别墅度假村里，高尔夫爱好者可以一边听着海浪拍岸，一边沐浴着丝丝海风，尽情挥杆，享受永远是夏日的高尔夫时光。

随着普吉不断朝着高端度假的方向发展，岛上从事旅游业的人也逐渐增多，服务的项目也越来越丰富。普吉北面的菠萝园和橡胶园向游人开放，一些新的旅游设施逐步投入运营，游客在城内可以参观到中式和葡萄牙风格的古建筑，以及博物馆、蝴蝶园等景点。

人文地理

普吉发展史

　　据普吉考古发现的石头工具和石斧等证实，普吉有人类居住的历史至少已有3000年以上。对普吉的第一份文字记载是公元2世纪时一位名叫帕托勒密（Ptolemy）的古希腊航海家留下的。当时他将普吉称为达戈拉半岛，1511—1854年间欧洲航海家的航海日志记载，称普吉岛为章·西朗（Jang Si Lang），或章·西伦（Jung Ceylon）。

　　帕托勒密在记载中提到，受过良好教育的人们充分意识到章·西伦的存在，但也没有提到更详细的情况。据塔朗编年史记载，在1785年，开始称这个岛为普吉。在长达几个世纪的日子里，普吉成为泰南"西威猜"王国的一部分。

　　普吉的历史与泰国其他地区的历史有一些不同。普吉的原住民主要是莫肯族（Moken）、船民（Chao le）或称海上吉普赛人（Sea Gypsies）。当时东南亚地区的莫肯族约有几千人，其中在普吉有两个莫肯族村庄。与其在岸上定居，他们更喜欢在海上随波逐浪。除非天气极端恶劣，才会搬到岸上生活一段时间。

普吉的原住民还包括塞芒人，他们以狩猎和采集野果为生。20世纪中叶，他们离普吉而去，有一部分留在了马来西亚。

由于其独特的地理位置，普吉自古就是来往于印度、印度尼西亚和中国船泊的中转地。尤其是碰到恶劣天气时，海船会停泊在普吉的几个港口或海上的礁石后面避风。

根据马来西亚的史料记载，泰国影响或控制这个海岛的时间大约是12世纪。西威猜王国（Srivijayas）和素可泰王朝的兰甘享大帝（King Ramkhamhaeng）先后征服了普吉岛，当时称为塔朗（Thalang）。此时，人们仍习惯称为章·西伦或布吉特（马来语，意为"山"）。直到发现普吉蕴藏着丰富的锡矿后，泰国开始重视对该岛的管理和开发。

人文地理

普吉街景

在素可泰王朝末期，皇家锡矿公司大规模开采锡矿，成为普吉最主要的财政来源。众所周知，16世纪正是西方历史学家大规模海外探险的时期，荷兰、法国和英国探险家先后登陆普吉岛，他们发现了大自然赐予的丰厚宝藏——锡矿。出于殖民者之间的约定，英国人离开了普吉转向别处寻宝，而荷兰人和法国人开始开发该岛的北部和西部锡矿。1685年，当时的泰国国王确认了法国对该岛锡矿的垄断开采和经营权。岛上的欧式建筑反映了当年欧洲殖民者对普吉的影响。

锡矿开采及橡胶种植业的发展，使普吉在20世纪初成为泰国最富裕的府之一。1910年时，普吉是泰国唯一铺有柏油路的地区。同时，普吉也发展成为区域行政中心，管理着甲米、拉侬和攀牙等地区。1933年，普吉升格成为府级行政区。20世纪中期后，随着资源的枯竭和国际市场锡价格走低，锡矿开采业开始走下坡路，逐渐被新兴的旅游业取而代之。

普吉的气候和地理条件十分优越，拥有众多的海湾、海滩、明媚的阳光和湛蓝的海水以及优质的沙滩，吸引了大批西方游客前往度假休闲。20世纪70年代以来，普吉的旅游业迅速发展。1967年修建了连接普吉和马来半岛的沙拉信大桥，1976年修建了普吉国际机场，普吉的陆路和空中交通得到明显改善。酒店业发展迅速，由当初为"背包旅客"建造的简易茅草屋旅馆，发展成为大规模的星级别墅和豪华酒店。1980年，泰国政府制定了普吉旅游业发展战略。1990年以来，旅游业成为普吉经济的一大亮点。

2004年12月26日，由印度尼西亚地震引发的海啸给普吉岛西部海滩带来巨大冲击，其中巴东海滩、卡马拉海滩、卡塔海滩和卡伦海滩损失最为严重。据新华网曼谷2005年4月20日报道，泰国内政部4月19日公布最新统计，在2004年底的海啸灾难中，泰国共有5395人死亡，8457人受伤，2845人失踪，财产损失约149.3亿铢（约合3.8亿美元）。不过，不到一年时间，普吉岛的旅游业已基本恢复正常。泰国政府很快就建立起了海啸预警机制。

泰国洪灾

民俗九皇斋素食节

每年中国农历九月初一至初九,连续9天时间,普吉的华人社团都举行盛大的庆祝活动来纪念"九皇斋素食节"。他们相信,吃斋和节制会使他们的身体保持健康状态。节日据说起源于当时一个著名的家乡剧团,他们在岛上演出时,发生了大规模的疟疾疫情,结果都病倒了。他们决定坚持素食,

普吉岛素食节

素食节活动现场

祭祀九大天神,认为这样会纯洁他们的身体和灵魂,免受瘟疫的侵扰。因此,他们在身体康复后,每年都举行盛大的活动来庆祝。

在普吉岛上,大大小小的华人祠堂多达40多个,如斗母宫、九天宫、林府太师庙、龙皇大帝庙、清水祖师庙和天后宫等。有的规模很小,但无一例外都参加九皇斋节。华人社区规定,在节日期间必须:

①保持身体的清洁;

②清洁厨房餐具,无关者不得触及;

③穿着白色的衣服;

④禁止吃肉;

⑤禁止房事;

⑥禁止饮酒;

⑦服丧期间的人禁止参与活动;

⑧怀孕和经期妇女不得参加庆典活动。

在纪念活动中,有的参与者的表演行为十分残忍甚至血腥,如赤脚在火热的炭火上行走、用各种锋利的物品如刀枪剑戟等

华人祠堂供奉的九大天皇

在脸上穿刺等。因为他们相信，神灵会保佑他们免受肉体的伤害。笔者强烈建议胆小者尤其是带有未成年孩子的游客不要参观以上活动。

纪念活动主要在六个华人祠堂特别是斗母宫附近举行。

首先是竖起10米高的灯笼柱，标志着纪念活动的开始。一旦竖起灯笼柱，意味着印度教的湿婆神会将精神的力量带到庆典里。接下来的几天，当地的华人、泰国人将他们平时在家中供奉的神带到祠堂里供奉。他们相信，平时供奉在家里的神灵可以在一年一度的庆祝活动里沾上仙气，增加神力。游客可以参观甚至参与点香和点蜡烛，插到神的前面。

街上游行开始，游客会看到有的参与者似乎在呆若木鸡的状态下行走，有的参加者在燃烧的炭上行走，有的爬上捆着利刀的8米高的梯子。整个活动中，游客们也可以品尝此时摆在街边食摊里专为活动准备的素斋食品。旁边的黄色旗子上以中文和泰文标出菜名。

有关活动详情，可登录www.phuketvegetarian.com网站查询。

普吉市

到普吉旅游，许多人的目标是充分享受热带的海滩、碧蓝的海水和灿烂的阳光。除此以外，还有值得一去的地方就是普吉市区。它是一个新与旧、简单和繁杂、宁静和脉动的综合体。

普吉市的脉动随着东方的一缕晨曦跃出地平线那刻起就开始了。天刚放亮，当有的人还处在梦乡的时候，一些人已经开始了新的一天。佛教僧侣们披着黄色的袈裟，赤着双脚，手捧托钵外出化缘。三轮车、摩托车、嘟嘟车，一起奏起了"马路交响曲"，开始四处招揽顾客，餐馆伙计开始到市场采购餐馆当天的用料。白天的繁忙节奏一刻不停，一直延续到晚上。晚上是朋友聚会的好时光，也许在餐馆，也许在迪斯科，也许在一个宁静的酒吧或海边……

城区的吸引力远远比不上西海岸的度假胜地。它的独特魅力在于其中式和葡萄牙式的古老建筑风格的商店和老房子，以及五光十色、丰富多彩的夜生活。

与巴东和卡塔海滩的喧闹不同，街上的酒吧和俱乐部别有一番风味。

普吉城区的欧式建筑

主要名胜

普吉的名胜古迹很多,既有历史古迹,如佛教寺庙、华人祠堂等,也有观光名胜。当然,最有名气的还是分布在普吉岛周围的大大小小的几十个海滩。无论你是短时间停留,还是长时间驻足,普吉之旅都会给你带来很多的惊喜和欢乐。

帕通寺

1. 帝王岛："世外桃源"

帝王岛上不仅有天然的热带海岛风光，而且珊瑚礁的海岸景色同样让人难忘。帝王岛以其精致而绝美的景色、纯净无污染的海水与沙滩受到很多游客的青睐。由于开发较晚，到此的游客数量比较少，与巴东的热闹相比这里的沙滩美景格外清幽，简直就像一幅"世外桃源"。

2. 披披岛：炙手可热的度假胜地

披披岛是一个非常宁静的地方，喜欢安静的人千万不要错过这里。这是一个深受阳光宠爱的地方，游客来到这里可以欣赏到柔软洁白的沙滩、宁静碧蓝的海水以及鬼斧神工的天然洞穴，未受污染的自然风貌等。这样优美的画面，使得披披岛一举成为近年来炙手可热的度假胜地之一。如果花上几天在这里，一定会感受到人生最美好的时光。

帝王岛

披披岛

3. 卡马拉海滩：不可错过的原始渔村风貌

卡马拉海滩曾经是一个安静的小渔村，目前仍属于相对未开发状态，是普吉岛唯一保持原始渔村旧貌的海滩。即便是这样，这里同样受游客的欢迎，主要是卡马拉海滩的幻多奇乐园和原始渔村旧貌吸引了游客的眼球，而这里朴实的环境更让不少游客驻足。

4. 普吉城镇：保存完整的古老建筑

普吉市位于普吉岛的东南部，是普吉府的省会。虽然镇上的游客不是很多，但走一趟老城区，逛一趟周末集市，品尝一下当地的茶点，也一定会别有一番风趣。而且，这里保存完整的古老建筑以及质朴的人文风情一定会给你留下深刻的印象。

卡马拉海滩

5. 攀牙湾：泰国"小桂林"

攀牙湾被誉为泰国的"小桂林"，是普吉岛周边地区风景最美丽的地方。这里遍布着许多大小岛屿，怪石嶙峋，景色变幻万千，堪称"世界奇观"。这里的岛屿以其天然奇景而声名远扬，尤其是蟹眼岛（詹士邦岛），007系列电影《金枪客》就曾在此取景。而攀牙湾的金石洞佛寺，也是游人观赏或拜佛许愿的胜地，据说这里十分灵验，因此香火也非常旺盛。

攀牙湾

普吉市

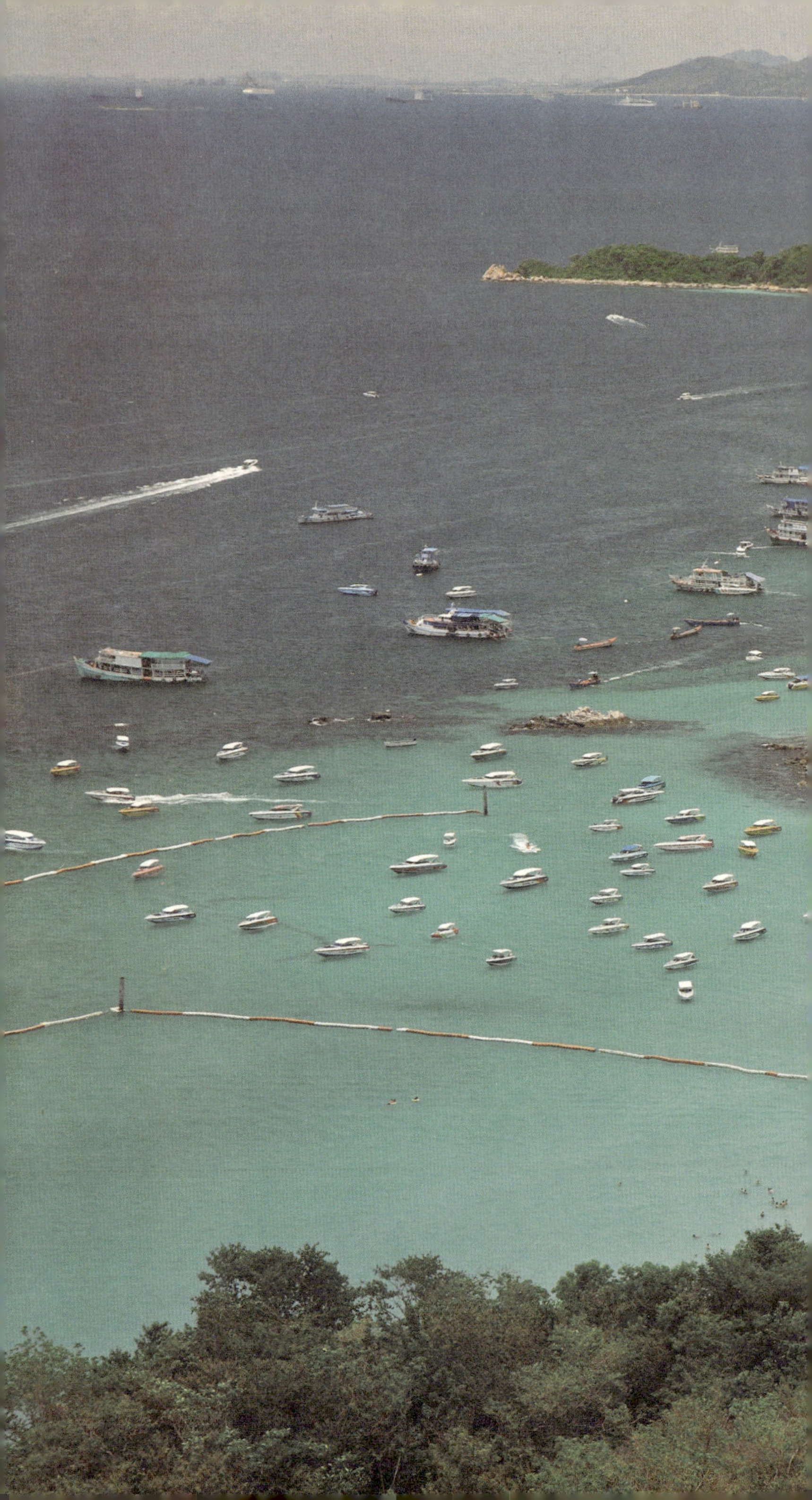

珊瑚岛

6. 珊瑚岛：水上运动的绝佳地

珊瑚岛因丰富、美丽的珊瑚群生态而得名，在小岛的周围环绕着各种色彩缤纷的珊瑚礁。风光优美的珊瑚岛是各种水上运动的绝佳地，如潜水、海中漫步、滑翔伞等水上娱乐项目。如今的珊瑚岛已经是一个逐渐被人们所知的地方，随处可见潜水爱好者和水上降落伞爱好者以及来这里享受阳光浴的人们。

珊瑚岛

7. 普罗贻角（神仙半岛）：感受海洋日落的美丽

普罗贻角（神仙半岛）由于在观景台上供奉了一尊四面佛而得名。岛上壮观的岩壁景观以及棕榈树交错的东南亚沿海风情，是吸引游客来此的原因之一。这里也是欣赏海洋日落的最佳地点，每到黄昏时分，游客便纷至沓来，等待观看海洋日落奇景。

普罗贻角（神仙半岛）

曼谷大王宫

泰国的特色文化

1. 泰国概况

（1）地理位置

泰国全称泰王国（The Kingdom of Thailand），位于中南半岛中部，东部和东北部分别与柬埔寨、老挝接壤，西部与缅甸毗邻，南部与马来西亚为邻。东南临泰国湾（太平洋），西南濒安达曼海（印度洋）。

（2）气　候

属热带季风气候，全年分为热、雨、凉三季，年均气温27℃左右。

（3）行政区划

泰国分为中部、南部、东部、北部和东北部五个地区，共设76个府（Province），下设县、区、村。曼谷是唯一的直辖市。各府府尹为公务员,由内政部任命。曼谷市长系直接选举产生。

(4)经济

泰国实行自由经济政策,属外向型经济,比较依赖于美国、日本、欧洲等外部市场。系传统农业国,农产品出口是外汇收入的主要来源之一。20世纪80年代,制造业尤其是电子工业发展迅速,经济持续高速增长。1996年被列为中等收入国家,1997年金融危机后陷入衰退,1999年经济开始复苏。2003年7月提前两年还清了金融危机期间向国际货币基金组织(IMF)的贷款172亿美元。2009年起实施"坚强泰国"计划,积极应对国际金融危机,参与东南亚国家联盟(CAFTA)自贸区、中国—东盟自贸区等区域经济合作,经济稳步发展。

泰国自1963年起实施国家经济和社会发展第一个六年计划(后改为五年计划),2012年开始实施"第十一个五年计划"。

截至2010年底,泰国外债965亿美元、外汇储备1721亿美元。2010年泰国国民生产总值(GNP)45 958亿铢,同比增长7.8%,通货膨胀率仅3.3%,失业率为1.04%。

芭堤雅步行街

（5）资源

泰国资源比较丰富，主要有钾盐、锡、褐煤、油页岩、天然气、锌、铅、钨、铁、锑、铬、重晶石、宝石和石油等。其中钾盐储量约4367万吨，锡储量约120万吨，占世界总储量的12%。油页岩储量达187万吨，褐煤储量约20亿吨，天然气储量约4592亿立方米，石油储量1500万吨。森林总面积14.4万平方千米，覆盖率25%。

（6）旅游业

泰国旅游业发达，系世界主要旅游大国之一，旅游收入是其外汇重要来源之一。主要旅游点有曼谷、普吉、清迈和帕塔亚(芭堤雅)，清莱、华欣、苏梅岛等地近年来也越来越受到国内外游客的欢迎。前几年由于政局不稳，旅游业受到较大影响。2009年服务业占GDP比重为33.8%。2010年共有1580万外国游

泰国水上市场

客赴泰旅游,同比增长12%。旅游收入约39亿美元。

2012年,来泰外国游客大幅增长,总人数达2230万人。据泰国移民局统计,2012年,仅从曼谷素旺那蓬国际机场入境的外国旅客人数就多达1414.3万人,其中中国大陆游客193.1万人,同比增长13.63%,香港游客38.6万人。中国首次超过马来西亚,成为泰国第一大国外游客来源国。

(7) 生活水平

泰国的人民生活水平居于发展中国家前列。20世纪80至90年代,经济持续快速增长,人民生活水平提高较快,工人最低工资和公务员薪金多次上调,居民教育、卫生、社会福利状况大幅改善。1997年金融危机后,人均国民收入一度下滑。1999年经济开始复苏,人民生活水平再度提升。据联合国发展署(UNDP)统计,2012年泰国人均国内生产总值(GDP)为5383美元。

(8) 外交政策

泰国奉行独立自主的外交政策,重视大国关系和周边外交,积极发展睦邻友好关系。以东盟为依托,在保持与美国传统盟友关系的同时,注重发展同中国、日本和印度的关系,维持大国平衡。重视区域合作,积极推进东盟一体化和中国—东盟自贸区建设,支持东盟与中国、日本、韩国合作。重视经济外交,推动贸易自由化,积极参与大湄公河次区域经济合作。发起并推动亚洲合作对话（ACD）机制，积极参加亚太经济合作组织（APEC）、亚欧会议（ASEM）、世界贸易组织（WTO）、东盟地区论坛（ARF）和博鳌亚洲论坛（BFA）等国际组织的活动，积极发展与伊斯兰国家关系，谋求在国际维和、气候变化、粮食安全、能源安全及禁毒合作等地区和国际事务中发挥积极作用。

中泰两国于1975年7月1日正式建交。两国在各领域的友好合作关系全面、顺利发展。

（9）种族

全国共有30多个民族。泰族为主要民族，占人口总数的40%，其余为老挝族、华族、马来族、高棉族以及苗、瑶、桂、汶、克伦、掸、塞芒、沙盖等民族。其中老挝族主要聚居在东北部，华族主要聚居在曼谷及中部各府以及北部的清迈、南部的普吉和宋卡等地。

（10）语言

泰语是泰国的国语和官方语言，英语也是官方语言。泰语以曼谷及其附近的发音为标准音。北部、南部和东北部各有自己的方言。北部和南部方言差别不是很大，东北部的方言与老挝语比较接近。南部邻近马来西亚的几个府通行马来语。

泰国少数民族

曼谷大王宫

2. 泰国简史

泰国是一个相对年轻的国家，只有700多年历史。1238年形成较为统一的国家。先后经历素可泰王朝、大城王朝、吞武里王朝和曼谷王朝。原名暹罗（SIAM）。16世纪时，葡萄牙、荷兰、英国、法国等殖民者先后入侵。1896年英法签订条约，规定暹罗为英属缅甸和法属印度支那的缓冲国。暹罗成为东南亚唯一没有沦为殖民地的国家。19世纪末，拉玛四世王开始实行对外开放。五世王借鉴西方经验进行社会改革，开始引进西方一些先进的管理模式和文化。

1932年6月，拉玛七世王时期，泰国"民党"发动政变，改君主制为君主立宪制，开始实行"民主"制度，王室得以保留。国王仍为国家元首和海陆空三军最高统帅。每次选举产生新的内阁以及重要官员、三军将领晋升等重要变动，名单都要先呈国王御批。1939年更名泰国，1949年正式定名泰国。

第二次世界大战后，军人集团长期把持政权，政府一度更迭频繁。1992年军事政变后，军人逐渐淡出政坛。2001年，他信领导的泰爱泰党在全国大选中获胜并担任总理，2005年连任。2006年9月发生军事政变，他信下台并流亡海外。2007年泰国举行全国大选，他信支持的人民力量党获胜，党主席沙玛出任总理。2008年9月，沙玛被判违宪下台，人民力量党推选他信的妹夫颂猜接任总理。12月，宪法法院判决解散人民力量党、泰国党和中庸民主党，颂猜下台。12月15日，民主党主席阿披实当选新总理。2011年5月，阿披实宣布解散下议院。7月举行大选，为泰党赢得下议院过半议席。8月5日，他信妹妹英拉·钦那瓦当选泰国首位女总理，9日新政府成立。

3. 泰国的宗教

佛教是泰国最主要的宗教，约90%以上的泰国人信仰佛教。泰国最南端宋卡、沙敦、也拉、北大年和陶公五府主要信仰伊斯兰教，穆斯林人口约占泰国人口的4%。此外，还有小部分人信仰基督教新教、天主教或印度教。

泰国被称为"黄袍佛国"。佛教发源于印度，但如今印度的佛教徒只占总人口的0.8%。而泰国6900多万人口中，佛教徒的比例高达90%以上。泰国的佛寺多达18000多处，僧侣和沙尼总数多达14万名。泰国男子一生中，上至国王、下至普通百姓，至少要剃度出家一次。1978年，邓小平访问泰国时，亲自为王储瓦集拉隆功剃度，被传为中泰友好关系的一段佳话。

释迦牟尼卧佛像

男子出家时间可长可短，多则数月，少则几天。佛教对泰国的影响随处可见，无论是政府重要活动，还是民间婚丧嫁娶，都会请法师到场主持佛事。佛教文化已成为泰国文化的重要组成部分。

（1）泰国人的佛教情缘

泰国人出家当和尚是一件大喜事。当一人决定为僧时，他的亲朋好友互相转告，齐来表示喜庆祝贺。大家争捐净资，购置香烛鲜花及僧侣用品敬佛献僧。送行之日，男女老幼结队相随，人人身着盛装，手执香花和旗伞，有鼓乐吹打，人们边走边唱，送至庙中。举行出家仪式时向众僧奉献礼物，载兴而归，出家者留在庙中念经拜佛。

泰国人对佛教僧侣非常崇敬，斋僧礼佛是其日常生活内容的一部分。每天清早，旭日东升，僧侣和沙尼身披袈裟，赤脚托钵、列队行走在街巷和乡间，形成佛国一道奇观。信众们会早早备好包装精美的素食饭包菜包，在僧侣们每天化缘的路边排队等候，恭恭敬敬地将素食一件件地分别放进僧侣双手托着的饭钵里，然后双手合十致礼。每当举行佛事，都会提前买好一整篮的僧侣食品和用品献给法师。泰国的公交车为僧侣设置专用的座位。如果专座被占，其他人也会主动为僧侣让座。需要注意的是，女士是不允许挨近僧侣的，更不允许有任何的身体接触。

虔诚的佛教徒

泰国少女

（2）泰国的小佛像护身符

泰国人除了信仰佛教外，还有些"迷信"。到泰国旅游，你会留意到，泰国男子的脖子上，几乎都挂有金项链或其他项链，其项链缀以小佛像为主，他们将其当作驱邪纳福、保佑平安的护身符。出于市场需求和旅游业的发展，普吉的小佛像护身符制作也得以迅速发展，成为普吉岛的一个特色产业。

在泰国，过去一般是由佛寺制作小佛像，作为佛寺赠予信众的佛教纪念品。有的雕塑为圆寂高僧的头像或坐姿全身像，以表示对其高度崇敬和怀念。如今，那些雕有著名高僧的小佛像依然受到佛教徒的欢迎，有的已变成难寻之宝，引发了更多的需求。小佛像市场的存在不仅是因为信仰，而且也因为有着巨大的商业利益。

每日佩戴小佛像已成泰国男子日常生活的一部分。当地的的士和摩托车司机说，如果哪天忘记戴佛像，可能会惹祸上身；也许一天也招揽不到一位顾客。泰国的警察和士兵在执勤时，也喜欢佩戴佛像作为护身符。虽然身着避弹衣，但在执行危险任务的时候，佛像的庇佑更能使他们感到安全和安心。当然，首饰是身份的象征，有钱人会佩戴粗大的金项链，配上昂贵的小佛像。普通百姓也许只是一条绳子，挂上一个普通的小佛像，而当地华人更倾向于挂观音像。

小佛像可以用许多种材料做成，比如石膏、黏土和各种各样的金属包括金和银等。对于小佛像，市场没有一个标准的定价，主要由商家和买家自己谈。价格主要看佛像的年份、佛像上僧侣的知名度以及是由谁来铸造的，甚至包括过去有谁佩戴过它。一般的也许只要几百铢，有的则高达10万铢。

当地人介绍说，在市场上出售的小佛像来自全国各地，有的是新的，有的是旧的。目前最为畅销的三尊小佛像是銮坡特（Luang Por Tuat）、銮坡肯姆（Luang Por Chem）（两位高僧佛像）和乍读堪·拉玛贴（Jatukam Ramatep）（一位神话传说中的古泰国王子）。

（3）普吉小佛像市场

在普吉城区拉沙达路的一个小胡同里，紧挨萨尔瓦多的意大利餐馆，就是普吉的小佛像市场。这里每天都吸引着大批海内外佛教徒和信众们前来选购。沿着胡同两边是一个挨着一个的小摊档，每个小摊都摆放着数以百计的小佛像。在这些小摊的后面，也是一排排的佛像和纪念品商店。

小佛像市场大约建于20年以前，有大约20个网点。

光顾这个市场的，除了本国佛教徒，还有来自中国香港和台湾、新加坡甚至美国、日本、韩国的顾客。他们买佛像，有的是为了自己佩戴或收藏，有的是为了赠送亲朋好友，也有的是为了带回自己国家出售。

周末市场

芭提雅人妖秀

4. 泰国的人妖现象

泰国社会包容性强，他们对"人妖"并不歧视。

随着泰国旅游业的发展，"人妖"表演成为吸引外国游客和"人妖"谋生的重要手段。为什么称这种两性人或变性人为"人妖"呢？"妖"字在中文里，有妖怪和妖艳之意。但泰国人的解释是"人中最妖艳者"，简称"人妖"。

人妖其实分两种，一种是先天性的。其生下来是男性，所以其护照会注明性别为"Male"，但照片上的人却是一个娇艳的女子，这是典型的人妖。但是，其男性体征却有先天缺陷，所以干脆动手术将其身体变为"女性"。另一种是后天性的。泰国人无"重男轻女"的观念，一些农村地区甚至"重女轻男"。如果父母希望生个女孩，但生出来的却是男孩，他们有可能将他从小当女儿来养，天长日久，他自己就会认为自己就是女孩。虽然长大后穿着男人的服装，但他的思维和一举一动都会跟女性无异，这就是所谓的"娘娘腔"，泰国人称之为"Dut"，这在泰国社会里并不鲜见。对于出身贫苦的"人妖"而言，为了生活，不惜动手术"变性"，并依靠激素来维持其"女性"体征，通过参加"人妖"表演或到酒吧工作来谋生。

西方人来泰国娶"人妖"为妻的新闻不时见诸报端。在曼谷、帕塔亚(芭堤雅)、普吉等地,每天晚上都会有"人妖"表演,成为泰国旅游的一大特色。

5. 泰国的文化艺术

（1）传统文化

泰国古典文学是以传统和历史为基础的。泰文版的《罗摩衍那》（Ramakien）史诗源自印度的《罗摩衍那》（Ramayana）史诗,系泰国古典音乐和艺术最重要的基础。泰文版的《罗摩衍那》比印度的《罗摩衍那》长25%,其主调是一样的,但其表现形式已较多融入泰国文化和艺术特色。泰国有许多知名作家,前总理克立·巴莫亲王是泰国最著名的小说家,《四朝代》是其代表作,已有中文译本。

泰国人妖表演

烛光舞

泰国文化是以佛教文化为基础，以泰族传统文化为主体、与东西方文化兼容并蓄的综合型文化。13世纪上半叶，泰国出现第一个独立王国——素可泰王朝（Sukhotai Kingdom），直到14世纪末15世纪初，被大城王朝（Ayutthaya Kingdom）吞并。尽管素可泰王朝存在的时间不长，但泰文字母就是在这个时期诞生的，成为现代泰文的基础。小乘佛教（Theravada Buddhism）大约在公元800年传入泰国，大城王朝时期被确立为泰国主要宗教延续至今。泰国的语言和文字至今受到梵文和巴厘文的重要影响。

（2）音乐舞蹈

　　泰国的音乐非常复杂，通常用作泰国戏剧的伴奏乐。乐器以木管乐器和敲击乐器为基础。一般以5—10件乐器组成一个乐队，音乐家们盘腿坐在地板上演奏。泰国舞蹈也相当复杂，主要是模仿或从印度舞蹈派生出来，靠一系列的手型和身型变化来阐释故事。泰国的传统戏剧——孔剧，主要情节模仿印度《罗摩衍那史诗》。

　　泰国十分重视保护和发展民族文化，其民族舞蹈颇具泰族文化特色。其中，北部、东北部、中部和南部各有特点。北部舞蹈主要体现"兰那"文化，服装华丽、步法轻盈、形态优美，代表作是"烛光舞"。东北部舞蹈有一定的老挝族舞蹈特色，反映农村生活的舞蹈较为普遍。南部文化艺术带有马来和印尼文化的痕迹，服饰华丽、音乐和舞步较为轻快。

翩翩起舞的泰国少女

6. 泰国的传统节日

宋干节（又名泼水节），水灯节（泰历12月15日，公历11月1日—11月5日夜晚举行）和国庆节（国王诞辰日，12月5日）合称泰国三大重要节日。泰国还有万佛节、圣诞节、元旦等诸多公共假日。

（1）宋干节

宋干节（Songkran Festival Day）是泰国的传统节日，为期3天，于每年4月13日至4月15日举行，相当于中国的春节。节日的第一天被称作"马哈宋干日"，标志着过去一年的结束，这一天的重头戏是一年一度的佛像巡游活动，人们会向僧侣布施并且争相用干净的清水为上街巡游的佛像进行清洗，以表示对佛像的尊敬和为自己以及家人祈求吉祥。第二天被称作"望闹"，在这一天傍晚，人们会将沙子搬进寺庙里，堆成沙佛塔，上面用彩旗和鲜花进行装点，这个特别的活动反映了泰国一个古老的信念。当人们离开寺庙的时候，鞋底带走地面上的沙子，被视为是人们求庇佑的积德行为。而最后一天也就是4月15日，被称作"望泰龙宋"，标志着新年的到来。人们要向僧侣供奉物品，虔诚地谛听佛法宣讲，同时外出拜访长辈并接受新年祝福。

宋干节（泼水节）

(2)水灯节

在泰国的传统节日中，每年的11月都要举行"水灯节"，这也是泰国最美丽的节日之一，是体现泰国男女浪漫爱情的节日。在这一天无论是在城市或是乡镇，只要有河港或湖泊的地方，水面上都会漂满水灯，点点烛光照耀着一对对幸福的情侣，温馨而浪漫。如今的水灯节已成为全泰国最欢乐的节庆之一，许多外国观光游客，也会加入到水灯节的欢庆活动中去，大家其乐融融地在一起放水灯，欢歌起舞。放水灯前，人们在点燃香烛后，闭上眼睛，默默祈祷，祈祷家人平安、幸福，或是祈求孩子学业有成。而青年男女，则相携来放水灯，他们大多是为爱祈祷，希望爱情长远。此外，水灯节还会举行花车游行，游行队伍从市中心一路游到河畔，河畔宽敞的地方便成为花车队伍的表演中心。

泰国水灯节

(3)万佛节

万佛节是泰国传统的佛教节日，在每年泰历三月十五日举行，如逢闰年，则改为泰历四月十五日。此节是为了纪念佛祖信徒对佛祖的信仰与尊敬，在宗教信仰上有非常重要的意义。据说，当佛祖在世时，曾驻足于王舍城传经讲道，各地的僧侣在三月十五日当天，竟不约而同地返回王舍城朝拜佛祖，佛祖因而颁赐僧侣一部叫做《巴蒂穆》的经书，经书的主旨为"戒恶、从善、清心"，这也是万佛节的来源。这一天泰国政府也会举行庆祝仪式，并且国王亲自参加，由此可以看出节日的重要性。万佛节的早晨，泰国男女老少带着鲜花、香烛和施舍物品前往附近寺院，进行施斋、焚香、拜佛活动。在万佛节，善男信女们有的会持受五戒或八戒以表示对佛教的虔诚。这一天的主要活动就是清晨僧侣行善，到了下午聆听诵经讲道；傍晚僧侣会按照约定的时刻鸣钟集合，举行礼佛仪式，并在全国各地悬挂国旗。

万佛节

7. 泰国的独特服饰

泰国的民族服装有其独有的特色，一是风格独特、自成一体；二是面料考究、工艺精湛；三是色彩鲜艳、搭配得当。大体可分为三个档次。

第一个档次是正式的传统民族服装，称为"帕拉差尼荣"，意谓皇家认可的服装，分为八种款式：①乍克里服装（Thai Chakkri Style）；②波隆·披曼服饰（Thai Borompiman）；③西瓦莱服饰（Thai Siwalai）；④帝王服饰（Thai Chakraphat）；⑤集拉达宫廷服装（Thai Chitlada）；⑥伦丹服饰（Thai Ruean Ton）；⑦安玛琳服装（Thai Ammarintra）；⑧律实服装（Thai Dusit）。

以上八款服装可谓当代泰国顶级的民族服装，面料采用优质锦缎刺绣或泰丝制作而成。由上衣和长裙两部分组成，上衣有的长袖，有的短袖，有的无袖，无袖的露右肩；大部分配有飘带，扎腰带，也有的上衣和裙子连为一体。出席重大庆典活动时还会佩戴各种勋章和绶带。也有的用于白天宴请或迎宾活动等。

合十礼

第二个层次是民间婚礼宴请等活动服装。婚礼服装与正式民族服装风格基本一致，只是面料和装饰要相对普通一些。

第三个层次是普通百姓参加各种活动的比较讲究的民族服装，北部、东北部和南部地区的特色各有不同。

此外，泰国的政府官员在出席正式活动时，都会穿着白色文官服。文官服的特色是一身全白，长袖，男士配白色长裤、女士着白色裙子；配戴各种授带、勋章、肩章和徽章。

豪华民族服装

泰国素可泰

047

PART 2
旅游资讯
地图导览

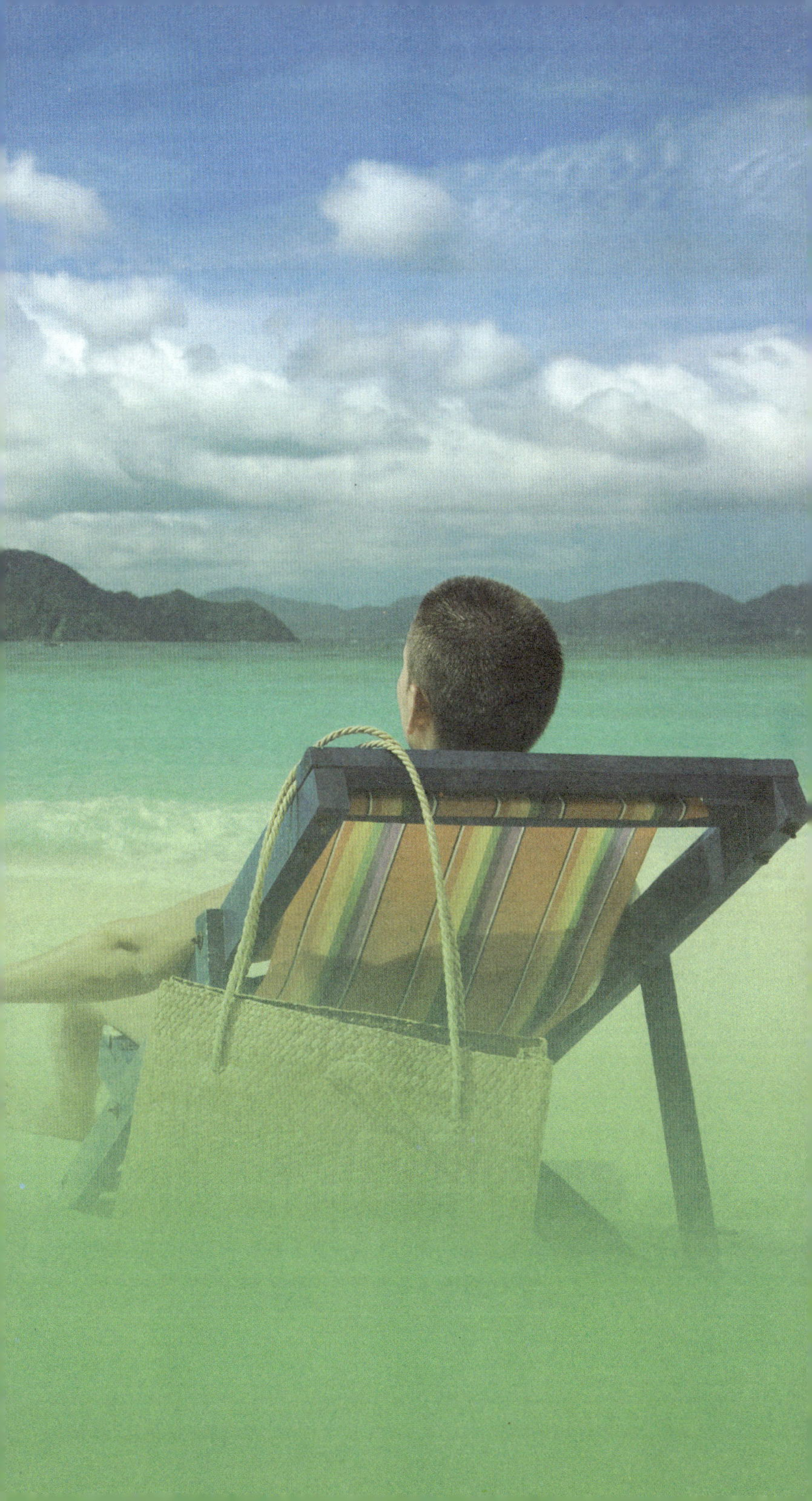

披披岛

最佳旅游季节

　　普吉地处热带，常年气温高达30℃以上，尤其是每年4月中旬泰国的"泼水节"期间，白天气温高达40℃以上，5月至10月为多雨季节，经常会碰到雷阵雨天气，不利于旅游出行。比较理想的旅游季节是12月至次年3月，天气相对比较凉快，也适宜于沙滩或下海浮潜。考虑到中国游客赴普吉游出现的爆炸性增长，令普吉的接待能力出现捉襟见肘的现象，尤其是住房和车辆供不应求。建议中国游客应尽量避免在国内长假，尤其是元旦和春节期间前往。

贴士

　　雨季期间到普吉旅游应该注意些什么？其实，雨季并不会给游客带来太多的不便，出门时只需带雨衣或雨伞就够了。但如果自己驾车就需要特别注意，因为大雨会影响视线，路况也会是个大问题。普吉的交通事故主要发生在雨季。游泳和潜水也应该特别小心，因为大雨会引起天气和水流的变化，给水上运动带来危险。进行水上运动要事先了解天气预报。在普吉旅游旺季和中国春节长假期间，普吉游客人满为患。因此，做好旅游规划，是非常有必要的。

出行安排

1. 出行选择

①报名参加旅游团。中国有资质的旅行社都有资格组织赴新马泰（新加坡、马来西亚、泰国）旅游。每年都会有一些旅游促销活动。参加旅行社组团的优点很多，比如机票、签证、酒店、交通和导游都可交由旅行社代办，省去许多时间和麻烦；缺点是走马观花，缺乏自由度。而且用餐多数是自助式团餐，缺乏根据各人喜好点菜的自由。参团价格并非越低越好，注意避免参加"零团费"或"负团费"旅游团。泰国的导游无固定工资收入，如果参团价格过低，会出现导游拼命拉客"购物"的情况，或让游客参加"自费"活动以增加回扣收入，如果游客拒绝导游建议，有时会出现导游扔下旅游团不管的事例。

②自助游。优点是所有出行手续包括酒店、机票、用车、用餐等全部由个人自行预订，自由度高，一切时间和活动均由自己联系安排。缺点是人生地不熟，旅游过程中也许会遇到这样那样的问题，旅游景点单独找导游费用会相对高一些，质量难以保证。

2. 路线规划

出国旅游要根据自己的假期长短和需求来科学地规划出游路线。

海边自驾

051

①来到泰国,如果时间允许,不妨选择泰国曼谷、清迈和普吉三地游。曼谷处于泰国的中部,不仅是泰国最大的城市,还是泰国的政治、经济、文化、旅游中心。清迈处在泰国的北部,是泰国第二大城市,也是著名的宗教、文化、商业、旅游中心。而普吉是泰国最大的海岛,是东南亚最具代表性的旅游度假胜地。这三个地方都是泰国著名的旅游胜地,可游玩的地方很多,都值得游客在那儿待上三四天。不过,这三地往返交通需要很长的时间,短暂停留的游客不适合选择。

②普吉海岛游,约待上三四天时间才能玩得比较尽兴。

实用信息

1. 护照签证

个人因私护照可在全国各城市的出入境管理局(处)办理,也可以委托旅行社办理。签证可委托旅游社或自行到泰国驻华大使馆及驻各地总领事馆办理。泰国在广州、上海、西安、南宁、昆明、成都、西安、厦门和香港设有总领事馆。

2. 机票预订

机票可从网上预订,也可到机票代售点或委托旅行社代订。可选择从北京、上海等城市直飞普吉,或通过曼谷、香港转机。

检查护照和登机牌

3. 酒店预订

普吉的酒店共有745家，有五星、四星、三星豪华酒店，也有海滩别墅酒店、普通度假酒店和家庭式旅馆，还有公寓式廉价旅馆。可根据自己的需要选择合适的酒店。以上旅馆一般可通过网上预订，豪华酒店提供机场接送、旅游景点门票和船票预订服务。此外，普吉还大批出租别墅和公寓，供到普吉长期度假的旅客租用。其网址为：http://phuketrenthouse.com/。

4. 打包物件

到国外旅游，需要准备的东西很多，建议如下：

①护照（有效入境签证）、机票；建议提前备好护照复印件，平时要妥善保管，防止丢失。

②夏季服装、拖鞋、雨伞、帽子、太阳镜、防晒霜、游泳衣、潜水镜、防蚊贴等。

③照相机、充电器、电脑、读卡器。

④风油精或清凉油、止泻药、退烧药、防水创可贴及其他常用药物。

贴士

如果带洗发水、沐浴露和化妆水等超过10毫升的液体物品一定要托运，否则会被机场安检没收。

旅行行李

5. 货币兑换

泰国货币单位是"铢",音puā,英文Bhat,读音为"巴"。1元人民币≈5.07泰铢,1泰铢≈0.20人民币。(此汇率仅供参考,以当日银行牌价为准)

泰国ATM机取钞

泰国不收外汇现金,外国游客需事先兑换好部分泰币,用于付小费和打车之用,购物、用餐或酒店可用银联信用卡结账。

货币兑换非常方便,机场、银行、酒店、较大的商场及主要的旅游点一般都有兑换点(Exchange),需使用护照并留好底单,如果用不完还可换回去。一般而言,机场和酒店兑换率偏低,设在大街上或商场里的兑换点汇率比较合理。美元、英镑、欧元、日元、港币等世界通行的货币都可以兑换,人民币可在机场免税店及华人经营的个别商店使用。使用国内银行发行的银联卡支付购物和酒店房租比较方便结算。

6. 购物退税

泰国对外国旅游者购物有退税的做法,如一次性购买5000铢以上或在免税商店购物,可凭护照、发票、退税单在离境的机场办理退税。所购物品不要放在托运行李内,退税时会查验所购物品。

暹罗典范购物中心

购物市场

7. 电源

普吉岛的电源为220伏特。插头既有二孔的，也有三孔的。二孔插头与国内相同，三孔插头与中国的不一样，需要使用转换器。赴普吉旅游最好自带电源转换器，如果忘记携带，可找酒店服务员免费借用。有时间时，可到7-11便利店或商场购买。

8. 时差

泰国属于东七区，比中国的北京时间晚1个小时。

9. 通讯

泰国当地区号为66，中国移动的全球通号码可以在泰国使用，但是必须开通国际漫游。具体价格可以参见中国移动网站http://10086.cn/images/internationalromaning.htm。拨打中国电话价格为6.99元/分钟，拨打泰国国内电话价格为1.99元/分钟。在普吉、曼谷、国际机场出口处免费发放当地手机卡，无须购买，只要充值即可。

10. 小费

泰国是个收小费的国家，入境时最好在机场兑换一些小额泰铢

泰铢

（Bhat），付小费的对象一般是机场接送的司机、酒店行李员、打扫卫生和送洗衣服的服务员（一般放在房间桌上）及餐厅服务员等，一般标准是20铢。

11. 网络

普吉大部分的酒店上网都收费，费用约合每个小时30元人民币左右。有的出租别墅或公寓提供免费的Wi-Fi上网服务。

交通

总的来说，普吉岛上的交通十分方便。有许多交通工具可供选择，价格也比较公道。岛上既有公共汽车，也有随处可见的嘟嘟车（Tuk Tuk）、出租摩托车还有租车自驾游，最好司机汽车一起租。

如果跟团旅游，可租用15—18座面包车，还有多达60座的大型旅游巴士。租用大巴或面包车，除了游览普吉岛各景点外，还可到攀牙府（Phang Nga Province）和甲米府（Krabi Province）的旅游点游览。通过旅行社安排的组团旅游，机场接送和参观购物的交通都没有问题，旅行社会根据人数安排好相应的交通工具。

嘟嘟车

如果是散客或自助游，岛内交通也有多种选择。如果你旅行前已订好酒店，可要求酒店派车到机场接送。一般而言，普吉的酒店和度假村基本上都靠近海滩。想到海滩玩，距离不远的，步行就可以了；距离远的，可请酒店帮忙联系出租车。大部分酒店本身就有出租车服务。如果下榻的酒店在市区，想到岛上的著名海滩或旅游点，可先乘坐固定线路的公交车，然后换乘两排座车、嘟嘟车或出租摩托车，价钱一般都不贵。

1. 普吉的公交车

主要有两种：一种是空调小巴，主要在普吉城区的固定路线穿行；另一种是双排座（Songtaew），从普吉城区往返于各主要海滩之间。

从市区客运站到巴东海滩的公交车每15—30分钟一班，车费每人约25铢。到卡塔（Kata）和卡隆海滩（Karon）的公交车路程大约45分钟，车费每人约60铢。公交车的概念与中国不同，有的是用货车改装的，木质座椅；有的是两排座轻型汽车。车的前面都标明行驶路线，在各公交车站附近，可以换乘嘟嘟车前往目的地。在各海滩之间也有嘟嘟车、摩托车负责接送。当然，语言是个问题，出租车司机的英语可能不够好，最简单的方法是带上酒店的名片让他看就可以了。

普吉岛交通

中国游客可以从北京、上海、广州等城市直飞普吉，也可以经曼谷或香港等地转机到普吉。从曼谷或合艾也可乘坐长途巴士。如果选择从曼谷乘火车，则在素叻他尼府下车，然后转乘长途巴士到普吉。

2. 普吉的租车自驾

租车自驾，包括各式汽车和摩托车。对于普吉而言，由于道路大多只有两车道，而且山路多，安全系数不高，且方向盘位置与中国内地正好相反。近年，中国到普吉的游客发生多起交通事故，建议不要租车自驾，以免发生交通事故。自驾摩托车更是如此，碰到雨天，很容易出现交通意外。

普吉提供自驾租车服务的公司主要有以下三家（均提供全额保险）：

①泰国租车公司（Thai Rent A Car—Phuket）

(http://www.phuket.com/carrent/thairentacar.htm)

②安达曼租车公司（Andaman Car Rent）

(http://www.andamancarrent.com/car.htm)

③戴维租车公司（David Car Rent）

(http://www.davidcarrent.com/)

租车注意事项：

泰国的汽车与英国、新加坡等国一样，方向盘在车的右侧，靠左行驶，与中国内地正好相反。租车的基本条件是拥有有效的泰国驾照。按照泰国的法律，要求驾驶者系上安全带，严禁酒后驾车。

全额综合保险是必需的。如果你在街边租车，他们往往告诉你"有保险"，但这只是最基本的第三者保险，并不包括汽车、司机和乘客本身的保险。

3. 摩托车租赁

普吉街上有很多提供摩托车租赁的服务，但笔者建议，为了您的生命安全，在任何情况下都不要租用摩托车出行。

在泰国，摩托车是不能上保险的，无论出租方如何向你保证都不要相信。在普吉，驾驶摩托车出车祸是非常常见的。如果你驾驶摩托车出现交通事故，无论责任方是谁，摩托车本身的损失包括受伤者的医疗费用毫无疑问会由租车者全额承担。

泰国租车

咖喱鱼

泰式料理

饮食

总体而言，普吉岛的餐饮文化与泰国其他地区没有太大的差别，各种泰餐美食基本上都可以尝到。最突出的特点是普吉岛上各类生猛海鲜品种繁多、新鲜美味。因此，到普吉旅游，除了品尝泰国地方餐饮特色外，最不可错过的是品尝各种生猛海鲜。

1. 普吉岛主要美食介绍

①凉菜：最有特色的凉菜是凉拌青木瓜丝（Som Dum），这是一

种以青木瓜丝为主料，拌以白醋、辣椒、柠檬汁、洋葱丝、花生豆、干虾仁、洋白菜等原料的凉拌菜。口味为酸、辣、甜、咸，是一款很好的开胃菜。此外，纯正的泰餐，有糯米饭、薄荷叶、香蕉花蕾、含羞草以及一些叫不上名字的当地草本植物，如有兴趣也可尝试一下。

②汤：主要有鲜虾酸辣汤、青菜豆腐汤、海鲜汤、青豆汤、咖喱青茄汤等。最值得一尝的是泰国的国汤——鲜虾酸辣汤（Dom Yum Goong）。酸辣汤分清汤和浓汤两种，主要原料是海虾、蘑菇、香茅草、山姜、柠檬汁、辣椒等，浓汤里还加入了椰奶，味道十分鲜美。

③热菜：普吉属热带地区，青菜种类不多。比较常见的是辣椒炒空心菜、炒洋白菜、炒八宝青菜、腰果炒鸡肉、粉丝蒸虾、粉丝蒸螃蟹、炸虾饼和炸鱼饼等。其他常见食材主要是西红柿、青椒、洋葱、土豆、鸡肉和牛羊肉，有的地方也能吃到猪肉。此外，有一些菜式比较接近印度餐做法，如咖喱鸡、鸡蛋咖喱炒螃蟹等。

④海鲜：普吉岛四周环海，生猛海鲜品种繁多。主要有龙虾、竹节虾、皮皮虾、石斑鱼、大黄鱼、大嘴芦鱼、笋壳鱼、牡蛎、海蟹、黑蟹、生蚝、鱿鱼等。主要烹饪方法有清蒸、红烧、油炸和烧烤等。比较有特色的吃法是盐焗大嘴鲈鱼，方法是将大嘴鲈鱼全身裹上盐，烤熟，味道鲜嫩香美。

⑤主食：主食为米饭，其中茉莉香米最为著名。普吉的特色主食还有泰式菠萝炒饭、泰式炒河粉、咖喱炒饭，有的餐馆还有扬州炒

泰式凉菜

海鲜

饭。有的餐馆提供部分面食，如面条和烤饼等。普吉盛产优质腰果和菠萝，因此，这两种食材经常可以吃到。

⑥水果：普吉的热带水果很多，最著名的莫过于榴梿、山竹、红毛丹、泰南地区特产龙功果，普吉特产菠萝。此外，有橘子、香蕉、芒果、蛇果、椰子、林檎、木瓜、葡萄、菠萝蜜，还有苹果、梨、哈密瓜等各种进口水果。

⑦甜食：冰激凌、酸奶，各式小蛋糕、泰式甜点心等。

⑧中餐和西餐：普吉岛的餐饮文化国际化程度较高，一些高级饭店和度假村，可以尝到中餐、西餐、日本和韩国料理等。普吉华人主要是来自福建和广东的客家人，所以，当地的中餐以客家口味为主。如果想品尝粤菜和江浙菜，可到巴东区的皇家酒店（The Royal Hotel）25层的御膳房酒楼（The Royal Kitchen）。

2. 普吉的素食

泰餐里的素食用料主要包括黄豆、豆腐、鲜辣椒、辣椒粉、蒜、柠檬叶、蘑菇、黄姜、洋葱、香菜、柠檬等。这些材料不仅美味，而且有医学营养价值。

研究表明，素食者如果加上一些体育锻炼，身体比非素食者健康。素食者患心脏病、肾结石病、肺癌和乳腺癌的几率远远低于非素食者。

泰国冬阴功汤

以下是几种著名的泰国素食：

①红烧甜酸豆腐（Pad tau-hu priew waan）

②蘑菇酸辣汤（Tom yam hed）

③泰式炒米粉（Pad Thai）

④素炒八宝青菜（Pad pak ruam）

⑤炸春卷（Po pia thod）

⑥素炒豆腐格抛菜（Pad krapao tau-hu）(yellow tofu fried with basil and chili)

⑦油炸素菜（Pak thod）

贴士

①辣椒对平衡血压及促进血液循环有神奇功效，同时富含镁元素。

②黄姜据说具有促进机体生长和壮阳作用，并对消化系统有益。

③柠檬汁对牙龈有好处，推荐用于刷牙。柠檬皮对血液有好处，也可入药。柠檬草对消化系统有益处。

④格拉抛Krapao（Thai basil）这种泰国植物富含维生素C、铁、钙和磷，对视力有好处。

3. 值得一去的美食餐厅

（1）普吉水上餐厅（Phuket Floating Restaurants）

这是一个非常独特的水上用餐场所，过去只是海上网箱养鱼的小屋，由于市场的需求，已发展成为颇具规模的水上餐厅。

（网址：http://www.phuket.com/dining/phuket-floating-restaurants.htm）

（2）考朗山餐厅（Khao Rang Hill）

建于普吉最高山顶，风景独好，可以从餐厅俯瞰普吉全景。

（网址：http://www.phuket101.net/2011/05/kao-rang-hill.html）

（3）听海餐厅（Into the Sea Restaurant）

这是普吉岛最具浪漫气氛的海边餐厅，建在面向东海岸的长廊上。面朝大海，听涛拍岸，美景伴美食、其乐融融。它的地点位于普吉岛东南方威榭路的普吉"艾瓦逊"（Evason Phuket）度假村附近。（网址：http://www.wheretoeat-phuket.com/restaurant-listings-phuket/into-the-med.htm）

（4）丽卡塔海滩俱乐部（RE KÁ TA Beach Club）

这是一个美食家的乐园。其最大特色是紧跟时代健康美食潮流，绝不采用任何肉类作为烹调原料，也不使用高于42℃的高温来烹调，最大限度地保持食材的原汁原味。

（网址：http://rekataphuket.com/beach-club）

海滩咖啡馆

住宿

普吉岛度假酒店

普吉的旅游业是如此发达，从两星、三星到五星的酒店总数多达745家。此外，还有许多家庭式、农场式的招待所。普吉有多家著名的五星级酒店，如希尔顿、律实拉古那、钻石山崖等，有的高档度假村还有高尔夫球场，风景优美。

普吉城区也有许多酒店，其中排名前十的酒店如下：

①普吉假日酒店（Holiday Inn Resort Phuket）
(http://www.ichotelsgroup.com/holidayinnresorts/)
②卡马拉海滩度假村（Kamala Beach Resort）
(http://www.phuket.com/kamalabeach/)
③海洋珍珠别墅度假村（Sea Pearl Villas Resort）
(http://www.seapearlvillasphuket.com/)
④卡伦湾别墅酒店（Mövenpick Resort Karon）
(http://www.phuket.com/moevenpick/)
⑤泰式民居海滩别墅度假酒店（Banthai Beach Resort & Spa）
(http://www.banthaiphuket.com/)
⑥普吉沙拉别墅度假酒店（SALA Phuket Resort）
(http://www.salaresorts.com/phuket/)
⑦桃花盛开别墅酒店（Peach Blossom Resort）
(http://www.phuket-peachblossom.com/index.htm)
⑧安达曼CANACIA酒店（Andaman Cannacia Resort）
(http://www.phuket-cannacia.com/)
⑨普吉诺富特酒店（Novotel Phuket Resort）(http://www.novotel.com/zh/booking/hotels-list.shtml)
⑩秦巴差葡式民居酒店（Baan Chinpracha）。
(http://www.phuket.com/attractions/baan-chinpracha.htm)

普吉旅游网站（www.phuket.com）有关于普吉酒店和餐饮的详细介绍。

娱乐

泰国对外开放的历史比较早,在这个包容性很强的社会里,西方文化和生活方式普遍为当地社会所接受。尤其是曼谷、帕塔亚(芭堤雅)、普吉和清迈这样的旅游胜地,酒吧(Bar)、迪斯科舞厅(Disco)、钢管舞酒吧(A Go Go)等西式夜生活场所随处可见。近几年,随着普吉旅游业的迅速发展,当地的夜生活也变得丰富多彩,对西方游客颇具吸引力。

普吉的夜生活场所主要散布在普吉城区和各个主要海滩,其中巴东海滩最为热闹。

普吉的夜生活场所主要散布在普吉城区和各个主要海滩,其中巴东海滩最为热闹。

按照泰国政府规定,当地的夜生活场所关门时间为凌晨1点或2点,但这并非是强制性的,有的酒吧会一直开到天亮。大部分夜间俱乐部是不收门票的,但迪斯科舞厅和一些场所例外。巴东湾附近的邦拉路是普吉夜生活的中心地带,酒吧的规模有的很大,有的很小。几乎在所有的酒吧里,最吸引眼球的是年轻漂亮的酒吧女孩,她们都是来自泰国各地的少女,其中主要是来自北部和东北部贫困地区。有点像候鸟一般,她们在旅游旺季时到来,淡季时离去。大部分的酒吧女孩都不是自己单独前来,而是由男人组织而来,这些男人通常要向女孩工作的酒吧交付一定的费用。

休闲场所

购物

对游客而言,普吉算不上一个购物的好去处,但也为游客提供了许多选择。由于普吉的知名度较高,物价水平相比于曼谷有点偏高。

一般来讲,游客每到一处都会看看有什么好买的,普吉也不会令大家失望。普吉的购物场所较多,而且大都与餐馆连在一起。销售的商品大多是典型的旅游用品,如T恤衫、海滩用品、帽子和其他服装、毛巾、CD、小电器、玩具、颜料制品等商品,在普吉大大小小的海滩上随处可见。还有许许多多的裁缝店、高端的进口时装店以及高质量的国产时装和艺术品店、珠宝、黄金首饰店。

旅游资讯 地图导览

由于不时发生游客在购买高档珠宝首饰上当受骗的情况,泰国国家旅游机构提醒游客在购买宝石和黄金饰品时一定要非常小心,以免上当受骗。普吉大部分的商场都集中在普吉市市中心区,以位于威集颂堪(Witchitsongk Am)和差隆巴杰(Chalermprakiat)路口的中央节日大厦(Central Festival Mall)为中心,那里的中央商场(Central Department Store)共有250个商店,主要销售进口高档时装和时尚产品,也有不少泰国本地商品可供选择。此外,还有Big C和乐购莲花(Tesco Lotus)两个商场包括超市,主要销售日常生活用品,价格合理。

普吉岛的商场

普吉岛购物街

　　附近还有一处叫做茵德斯生活大厦（Index Living Mall），主要销售本地产的家具、手工艺品和古董类商品。耀华叻路（Yaowarat）、迪布路（Dibuk）、塔朗路（Thalang）、攀牙路（Phang Nga）、拉沙达路（Rassada）等统称"老普吉"，主要销售高端商品、艺术品、古董和其他特色商品。在提洛·乌提1路靠近老城的地方，还有两个高端大型商场，分别是罗宾逊（Robinson）和海洋商场（Ocean）。

　　此外，普吉市还有一些露天和半露天的销售市场，如普吉周末市场，地点位于怀叻洪育路（Wai-Rat-Hong-Yuk），仅限于星期六和星期日开放。攀牙路的"乍杜乍"（Chatuchak）杂货市场也是只有周六和周日开放。

　　出口商品市场（Expo Market）位于提洛·乌提2路（Tilok Uthit 2）的塔翁大酒店（Thavorn Grand Hotel）附近。另外还有几个露天市场主要以销售新鲜食品为主。

> **贴士**
>
> 茵地市场（Indy Market）是一个年轻、创新、有趣的杂货市场，各种商品应有尽有。市场的网址为 http://www.indycm.com/。

独特的旅游体验

1. 普吉浮潜

普吉是世界上最适宜潜水的岛屿。在中国北方多数地方已是千里冰封的时节,来到普吉这个热带岛屿,如果不尝试一下到海里浮潜或潜水,你的旅程将逊色不少。普吉有许多适宜开展水上运动的地方,有的地方就位于岸边不远,甚至可以走过去或游过去。

各个海滩边都有一些商店提供全套的浮潜和潜水装备,他们也会给予一些潜水指导和基本常识,提供适当的后勤支持。普吉有世界上最好的活体珊瑚和水下千奇百怪的礁石、色彩鲜艳的各种热带鱼类、海龟、小鲨鱼和许多不寻常的海底生物供欣赏。这些生物构成五彩斑斓的海底世界、奇妙和充满活力的生态系统,令你的浮潜活动充满乐趣。安达曼海的海水如水晶般透亮,清澈见底,有的地方甚至可以看到30米深,海底世界一览无遗。水温通常会保持在28℃左右,非常适宜开展各种水上运动。但在每年6月至10月,由于季风的影响,海水能见度会降低,有的地方水流也会变得湍急。最好的潜水时间应该在每年11月至次年5月。

一般来说,普吉岛邻近的海区并不适宜潜水,因为有的地方水太

浮潜

潜水

浅，有的地方沙子太多。当然，岛上也有一些地方是可以潜水的，如普罗贻角（神仙半岛）和魅力海滩（Ao Sane Beach）。在卡塔海滩（Kata Beach）和小卡塔海滩（Kata Noi Beach）也有很好的珊瑚礁适宜潜水。但绝大多数最好的潜游区域往返都需要一天的时间。这些地方包括披披岛（Phi Phi Island）、西米兰群岛（Similian Islands）、大小帝王岛（Koh Racha Yai and Noi）、又称鲜花岛（Flower Island）的多迈岛（Koh Dork Mai）。还有一个地方也很容易到达，那就是鲨鱼点（Shark Point），距离普吉西南方约24千米处。那里的海区生活着大批豹纹鲨鱼，附近是海葵礁（Anemone Reef），生活着大批的狮子鱼（Lion Fish）。

（1）潜水须知

喜欢潜水的人一般都会向当地人咨询关于潜水方面的知识并取得他们的帮助。岛上至少有50家潜水用品店分布在岛上的各个角落，而且数量正不断上升。他们会为那些希望出海潜水的人提供装备、后勤支持和简单的培训。如果想走得更远的话，有的商店可以提供一夜的海上"住宿"服务。

当然，他们也会提供一些更有用的帮助，比如寻找价格较为合理的下榻酒店。这些商店一般都专营某一特定潜水区域，因此，如果你对某一特定区域情有独钟，在寻求商店帮助时应先问清楚。许多商店也倾向于专注某一特定服务人群，因此，在与这些商店联系时，要考虑相互的舒适度，当然，寻找信誉好的商店最为重要。最好找带有PADI(潜水教练专业协会，Professional Association of Diving Instructors)或NAUI(水下教练国家协会，National Association of Underwater Instructors)标志的商店为好，服务将会得到更好的保障。

（2）在普吉潜水的费用

潜水属于专业性的活动，没有潜水证的游客必须要在教练的陪同下才能下水体验。如果需要自由的潜水，那么游客就必须先进行潜水培训，考取潜水证才可以自由下水。不过这也不难办到，普吉大部分商店都会提供潜水培训课程，课程安排一般需要三四天，费用约为8000～14 000铢（约合258～450美元）。有的专业课程如夜间潜水或深水潜游课程也会提供，所需时间会短一些，费用也低一些。一旦获得潜水证书，在全世界都可通用。估算潜水费用有点难，如果是几个人一起潜水的话，一天的费用应在2000～4000铢（约合65～130美元），包括租潜水具、购买食品、请一位导游、租一艘船，还包括一至两名服务员的费用。有时导游和船工是同一人兼任。

费用还需考虑潜水区域与普吉岛的距离。当然，出海过夜的费用也存在可变因素，因为有的游客原本打算出海潜水，但是到了一片环境优美的海区，他可能临时改变主意，只是打算在海上美美地待上一夜，而不一定要下去潜水。所以，一般估计，出海过夜的一天费用大致在15 000～50 000铢之间（约合500～1600美元），甚至更高。

帝王岛浮潜

(3) 部分浮潜商店介绍

有的游客想有一次潜水的经历，但又不想花那么多用于培训或租用潜水装备的钱，那么，他们可以选择浮潜。普吉的几个海滩可以提供浮潜服务，如自由海滩（Freedom Beach）、狮子半岛（Laem Sing Beach）、魅力海滩（Ao Sane Beach）、卡塔海滩（Kata Beach）、小卡塔海滩（Kata Noi Beach）、天堂海滩（Paradise Beach）和崔塘海滩（Tri Trang Beach）。大部分的游船出海一日游活动也可以浮潜。

潜水准备

下面介绍一些提供浮潜或潜水服务的商店：
①普吉卡里普索（Calypso Phuket）
②普吉浮潜 Phuket Scuba Diving
③普吉浮潜俱乐部（Phuket Scuba Club）
④浮潜猫（Scuba Cat）
⑤旭日潜水（Sunrise Diving）
⑥西海岸潜水（West Coast Divers）
⑦普吉桑塔那（Santana Phuket）
⑧滨海潜水员（Marina Divers）
⑨帕帕特海上运动俱乐部（Phapaht Sea Sports Club）

(4) 到帝王岛浮潜

帝王岛位于普吉南面，是普吉岛著名的旅游海岛之一，也是浮潜的好地方。因为帝王岛开发较晚，景区自然风貌保持完好，到此享受浮潜乐趣，观看斑斓的海洋生物，游乐之趣不言而喻。

浮潜

贴士

在决定下海潜水或浮潜之前，了解一些泰国对于潜水或浮潜的规定是必要的。泰国国家海洋局和海岸资源及国家公园局对游客在珊瑚区浮潜有明确的规定：

①潜水时必须在专业人员陪同指导下进行；

②禁止在水下拍照或摄影；

③禁止使用鱼叉或其他设备捕鱼；

④不得踩踏或触碰珊瑚；

⑤浮潜的船只不得在珊瑚区抛锚；

⑥浮潜者应该浮在海面上观察珊瑚，小心脚蹼不要碰到珊瑚；

⑦在海底表面不要划动脚蹼；

⑧不得向鱼类投食；

⑨不得诱捕海鱼；

⑩不得从海中带走任何东西，违者将依法予以处罚。

由于近年旅游业的过度开发，普吉岛周边海洋珊瑚的生存环境受到很大影响，出现活体珊瑚漂移的现象。为此，泰国主管当局已出台措施予以保护，比如关闭部分浮潜或潜水区，并对旅游从业者作出明确规定。

2. 西蒙"人妖"表演

西蒙人妖表演者

"人妖"表演是泰国旅游业发展的一个特色。最早在帕塔亚(芭堤雅)有两家，分别为蒂芬妮和阿卡莎，后来发展到曼谷和普吉。"人妖"表演主要是模仿外国的舞蹈动作，配以原声音乐和歌曲，有英语、汉语和韩语等，也有一些泰国本土歌舞表演。人妖穿着各种艳丽夸张的表演服装，以舞蹈或小品形式进行表演。因此，算不上真正的艺术，而是一种另类风情"模仿秀"，是泰国为满足游客猎奇心理的一种娱乐方式。

表演结束后，人妖在外面一字排开，游客可与其拍照留念，每次收费40铢。"人妖"表演每天晚上演出两场，每场90分钟。

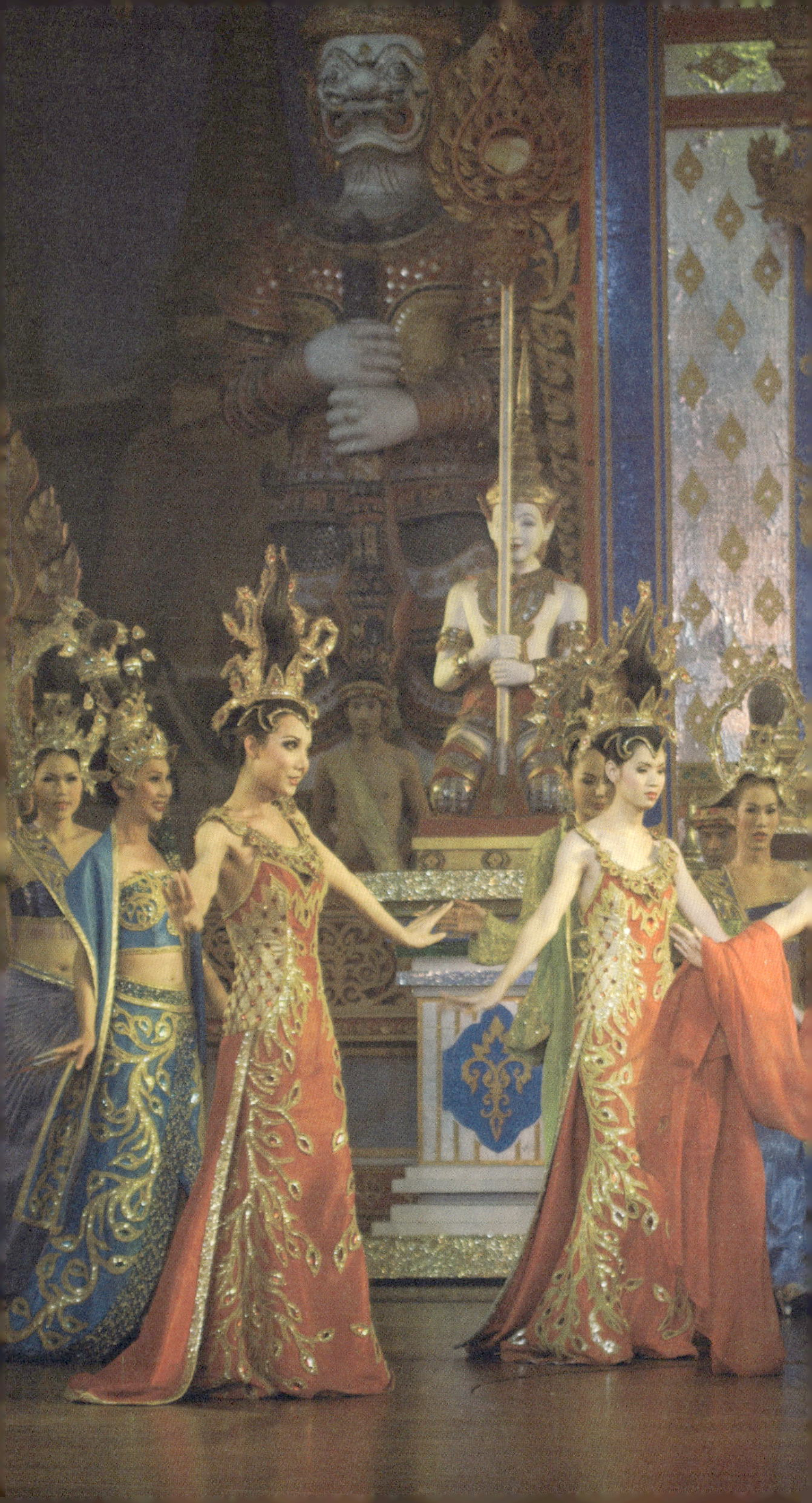

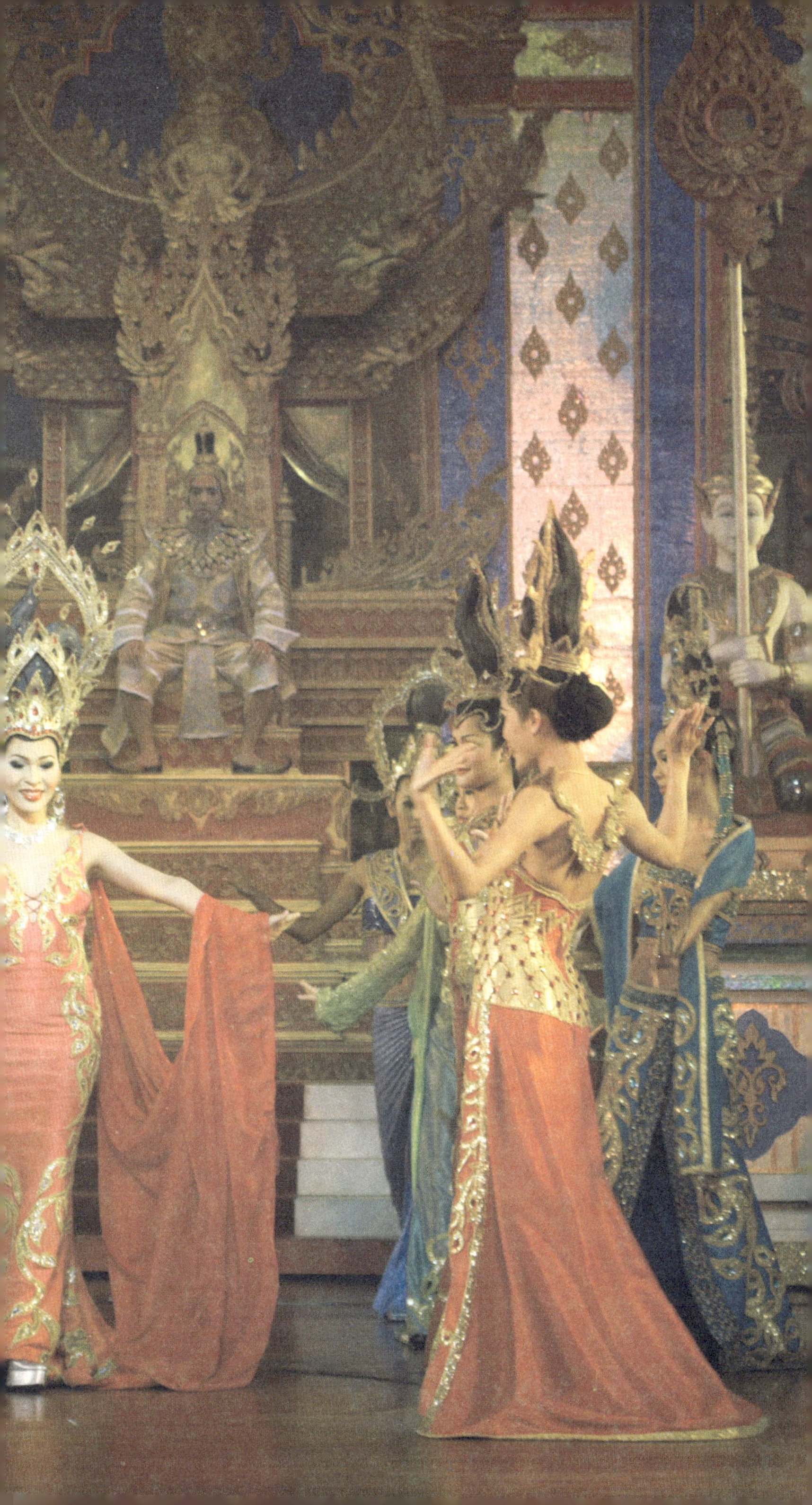

普吉岛 KO PHUKET

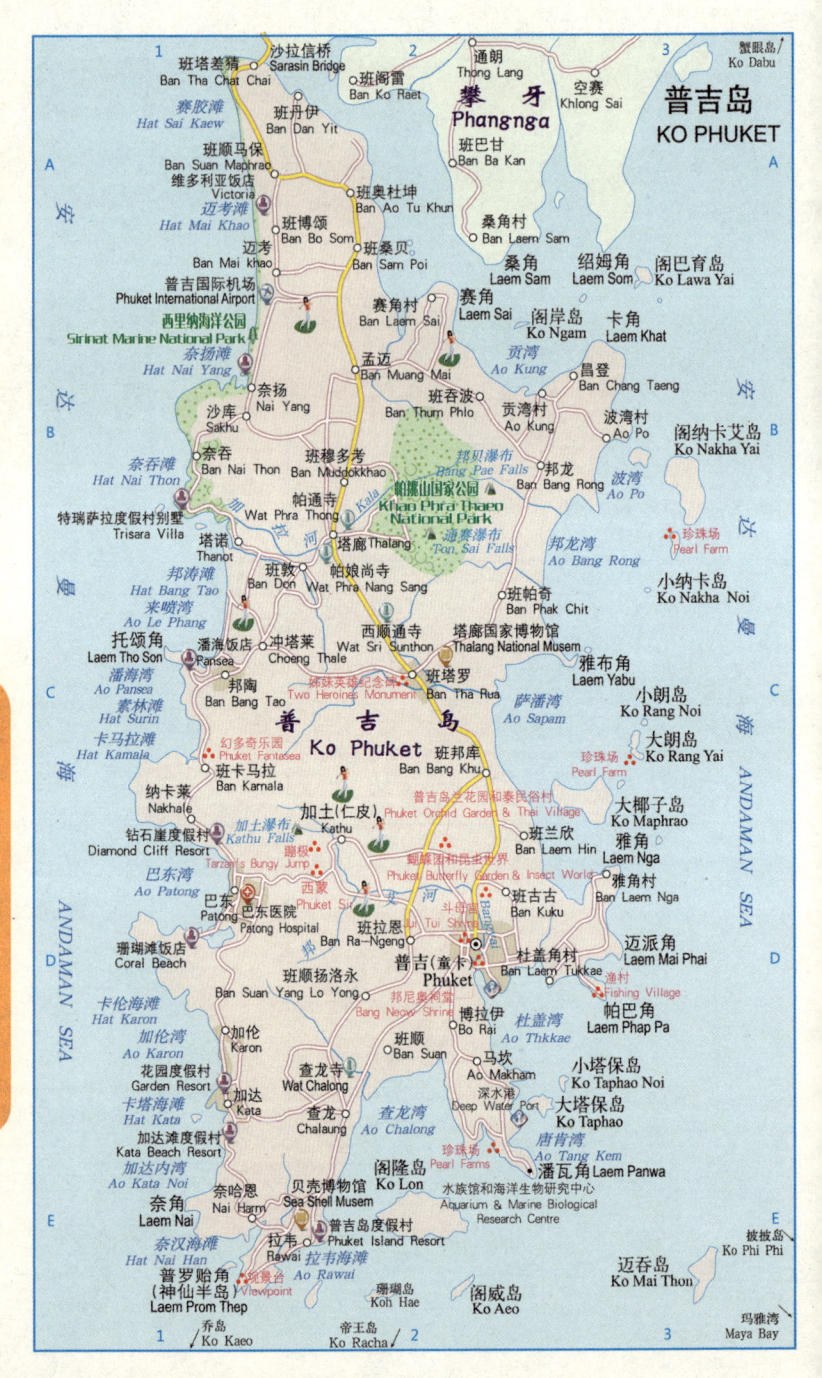

精华路线推荐

1. 攀牙湾一日游

攀牙湾位于普吉岛正北方,是攀牙府南端的一个海湾,它不仅有碧绿的海湾、峭壁石灰岩塔、耀眼的白沙、穆斯林水上渔村,还有美丽的岩洞以及著名的詹士邦岛(007岛),也是多数普吉游客常会选择前往的一处旅游胜地。由于攀牙湾一日游的游览项目多样,游客在参团前可以先做好选择,这里推荐几个受欢迎的项目,如探访蟹眼岛(詹士邦岛)、水上穆斯林渔村、独木舟探险、皮划艇、骑大象、看猴子等。

2. 披披岛一日游

披披岛是游客必到的经典景点之一,你只需要选择好前往披披岛的旅游船,他们的工作人员就会派车免费把你从酒店送到码头。披披岛不仅拥有洁白的沙滩、蔚蓝的海水,还有让人叹为观止的石灰岩峭壁。到了披披岛海边,可以沐浴阳光、享受海风、看看书、晒晒太阳、潜浮、游泳等,对于热爱海岛的游客而言,这里绝对是你的梦想天堂。

3. 珊瑚岛—普罗贻角(神仙半岛)

　　景色优美的珊瑚岛是绝佳的水上运动地，游客白天可以在这里欣赏景色，体验刺激的水上运动，还可以看一看美丽的生态珊瑚礁。到了黄昏的时候，可以来到普罗贻角（神仙半岛），欣赏海洋日落奇观。

普吉日出

4. 普吉岛三日游

第一站：巴东海滩—西蒙歌舞秀

　　到普吉岛的第一天，可以从巴东海滩开启旅程。这里不仅有各种水上运动，还是逛街购物的好去处。尤其到了夜晚，夜生活更加丰富。白天在巴东海滩游玩以后，傍晚可前往巴东海滩东边观看西蒙歌舞秀，这里每天晚上有两场"人妖"表演，每场约90分钟。

巴东海滩

西蒙人妖表演者

第二站：卡马拉海滩—幻多奇乐园

卡马拉海滩是普吉岛上唯一保持原始渔村旧貌的海滩，其原生态的环境吸引了众多游客光顾。海滩附近的幻多奇乐园更是吸引游人的眼球，这是普吉最大的综艺乐园，每天晚上都会有很多表演，让人大开眼界。

第三站：普吉城区—披披岛

普吉城区是一个充满人文风情的地方，老城中心共有5条街道，分别是拉沙达路、攀牙路、塔朗路、迪布路和甲米路，外加几条小巷。街道两旁，矗立着已有一百多年历史的商店、餐馆、招待所、金店、艺术品展室、咖啡店和民居。沿着这些老街道散步，欣赏这些百年老宅，你会感受到普吉的悠久历史就展现在你的面前。

游客头一天晚上可以选择在普吉市区居住，第二天早上组团到美丽的披披岛游玩，感受披披岛蓝得惊艳的海水和绚丽的沙滩。

卡马拉海滩

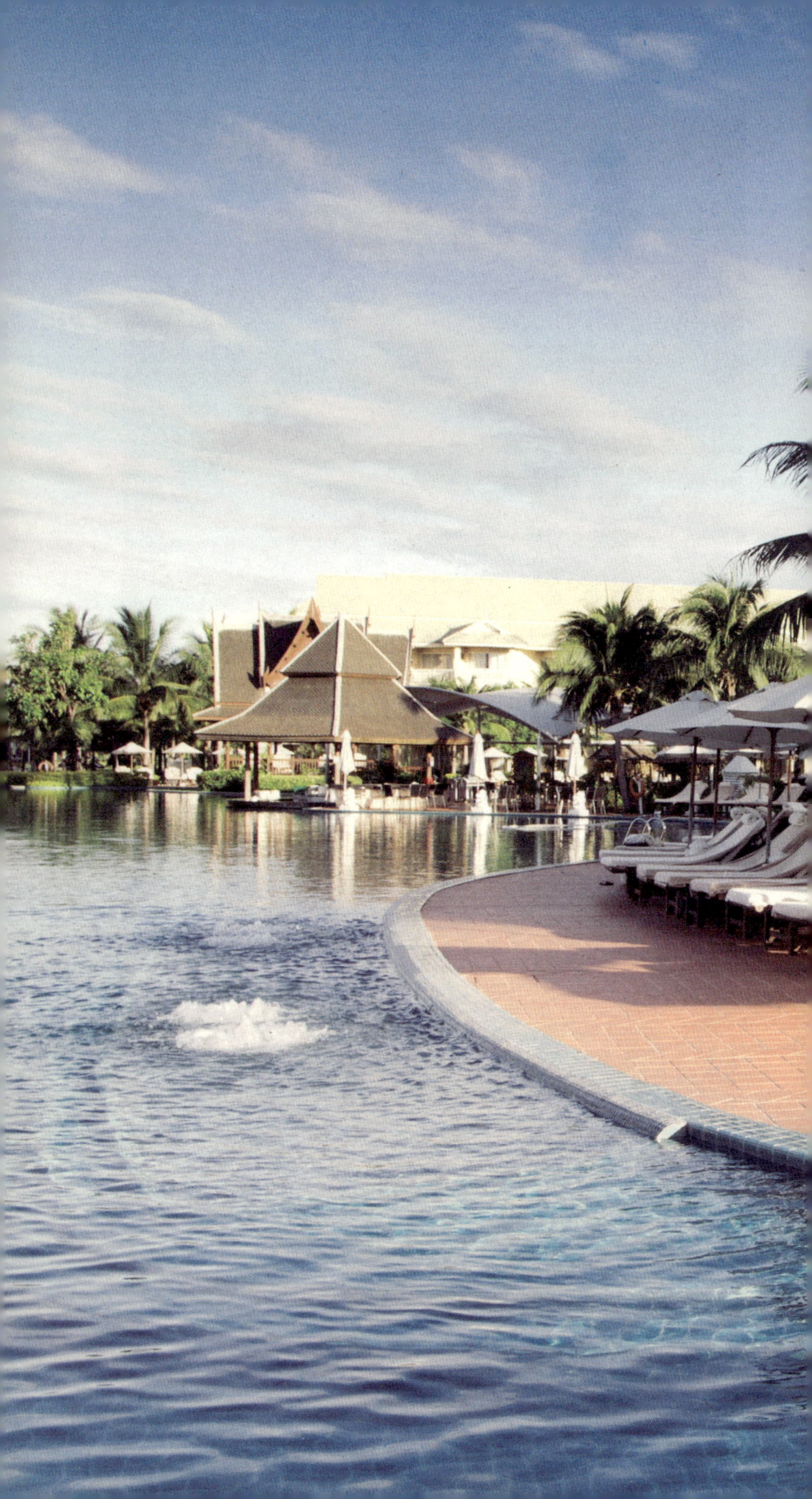

特色旅游推荐

浪漫蜜月游

安娜塔拉别墅度假村、普吉亭式别墅酒店、普吉邦陶亭式别墅酒店、阿雅拉山顶精品别墅、第六感官小长岛别墅度假村等

高尔夫爱好者的天堂

蓝峡谷乡村高尔夫俱乐部、普吉拉古那高尔夫球俱乐部、海湾棕榈高尔夫球俱乐部等

1. 浪漫蜜月游

普吉作为热带岛屿，有着得天独厚的地理环境，常年无冬的气候条件，风光旖旎的蓝天碧海和许多优良海滩，更有首屈一指的良好服务。不仅是假日旅游的好去处，更是蜜月旅行的天堂。婚姻是人生的大事，蜜月旅行是人生不可多得的美好时光，不少新婚夫妻将普吉作为其蜜月旅行的重要选择。

泰国人是热情好客、温柔善良的民族，他们匠心独运，因地制宜，将宾馆、餐馆打造成充满浪漫色彩和私密空间的度假天堂，给新婚夫妇们留下了美好的难忘回忆。沙滩戏水、浮潜观鱼、扬帆出海、水疗按摩，无一不给他们带来美妙的享受。当然，酒店、餐馆和服务无疑是最重要的。这方面，普吉的服务业近乎无可挑剔。

在餐饮方面，位于普吉西海岸的一些餐厅曾经获得多项奖励。有的餐馆处于高高的山顶上，可以一览无遗地欣赏落日的余晖和普吉的夜景，营造出一种浪漫自在的气氛。

有的餐馆处于海湾边上，在落日的余晖照耀下，一边聆听着海浪拍岸的奏鸣曲，一边举起鸡尾酒杯，欣赏夕阳西下的美景，是何等的休闲与惬意。具备这些条件的餐馆有几家，一是靠近卡马拉海滩的帕丽莎别墅（Paresa Resort）的迪亚窝罗餐厅（Diavolo Restaurant）。二是在小卡塔湾边，两个餐厅都建在山崖上的蒙迪餐厅（Mom Tri's Kitchen），在律实他尼拉古娜酒店的卡苏亚丽娜餐厅（Casuarina），也是不错的选择。

乘船出海夜游不失为制造浪漫的绝佳方式。当你俩携手乘船缓缓

驶离普吉岸边，观赏着满天闪烁的繁星，举起一杯鸡尾酒，一边品尝美味的烧烤和美酒，一边欣赏着日薄西山、消失在烟波浩渺的安达曼海，还有什么比这更有诗情画意呢？

当海湾里的一切变得静谧、归于沉寂的时候，年轻夫妻到普吉一游，如果不去尝试一下浪漫的泰式夫妻水疗按摩（SPA），那将留下终生的遗憾。泰式水疗温馨别致，周到的别样服务一定会给你留下美好的回忆。

酒店是人们出行必需的落脚点，是什么因素造就了酒店的浪漫和浪漫的酒店？除了其所处的位置和以人为本的设计外，最关键的无疑是它的个性化服务和良好的私密性。以下介绍一下有口皆碑的十个最具浪漫色彩的别墅酒店。

度假海滩

披披岛家庭旅舍

安娜塔拉别墅度假村（Anantara Phuket Villas）

安娜塔拉别墅度假村是一个让人津津乐道的地方。它位于迈考海滩的突出位置，可以很好地观赏太阳在东北部隐蔽而自然的落日景观。

安娜塔拉别墅度假村的游泳池和花园因地制宜、巧妙布局、错落有致，由著名庭院设计师比尔·本斯利（Bill Bensley）设计，度假村的83座别墅布局合理，各个庭院的设计巧妙地融合了多姿多彩的热带植物，与传统的泰式建筑有机地融为一体，被誉为最具浪漫色彩的普吉1号蜜月浪漫泳池别墅度假村。

由于其顶级的设计和服务，它的费用高达每晚9300～21000铢（约合300～677美元），如果住两晚以上，可获20%～25%的优惠。这些费用包含每栋别墅都有独自享用的私密游泳池，奔驰车机场往返接送，双人免费早餐，一次90分钟的双人水疗按摩服务和一次精心设计的两人晚餐。

普吉亭式别墅酒店（SALA Phuket Resort）

典型的中式和葡萄牙式建筑风格酒店。位于普吉西北，离普吉国际机场仅20分钟的路程，距离著名的蓝峡谷高尔夫球场也很近。如果不是为了私密性而建起的围墙遮挡了观海景的视线，这个酒店几乎是最好的。这个豪华的别墅酒店为一个完美的浪漫假日提供了一切必需的条件。它距离迈考海滩只有几步之遥，有点像神话里的伊甸园。79座别墅里有63座别墅附带豪华的游泳池，所有的别墅都享有高度的私密性。一共有79间卧室，价格从4500铢起（约合145美元）。

普吉邦陶亭式别墅酒店（The Pavilions Phuket, Bang Tao）

共有25座别墅。对新婚夫妇而言，私密性是必需的，而完全的私密性则是这座亭式别墅酒店的最大特色。山边泳池别墅是浪漫假日的最佳去处，普吉亭式别墅酒店为独栋别墅，每栋面积约310平方米。装饰豪华、设施齐全，你在这里可以享受到充分的自在与休闲。

一个48平方米的私密泳池归你的假日所有，在暂时属于自己的私密别墅里享用酒店的免费早餐也是一种不错的享受。价格从9000铢起（约合300美元）。

普吉邦陶榕树别墅酒店（Banyan Tree Phuket Bang Tao）

想象一下，在一个漂满花瓣的浴池里浸泡，享受着酒店免费提供的水疗按摩，旁边点着飘香的蜡烛，芳香的精油、芳香的鲜花。一边品尝红葡萄酒，一边欣赏悠扬的音乐，这样的环境，是否会给你的蜜月度假增色？这就是榕树SPA水池别墅给你提供私密时刻的完美体验。在这样顶级豪华的别墅里度假，私密性必须是100%有保证的。这里大部分的独栋别墅都配备个人浴池。而这里的别墅多达121栋。房租8550铢起（约合276美元）。

素林海滩双棕榈酒店（Twinpalms Phuket Surin Beach）

一共有76个房间。这是普吉顶级别墅之一。它位于西海岸的素林海滩，酒店里的　湖套房极为豪华。从客房可直接通向游泳池，这意味着你的整个假日几乎可以足不出户。酒店设备齐全，房间宽敞，设计富有创意，床铺也是特大号的。酒店虽没有建在海滩上，但你只需

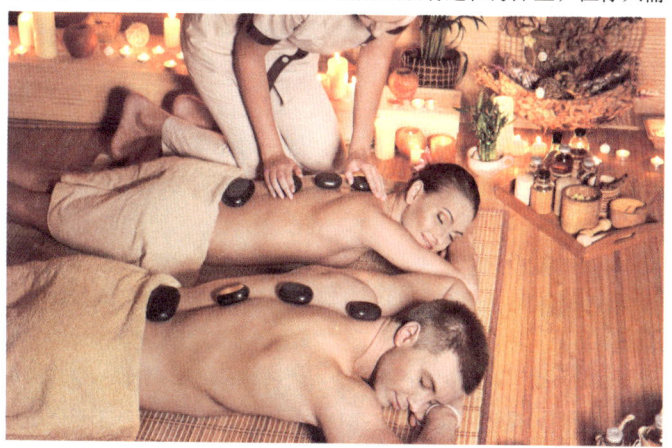

SPA

走160米穿过花园就到素林海滩了。房价从3910铢起（约合126美元），价格比较公道。

阿雅拉山顶精品别墅

阿雅拉山顶精品别墅（Ayara Hilltops Boutique Resort & Spa Surin Beach）拥有48个套房。住在山顶上的豪华套间或别墅一定会给你留下难忘的美好印象，这是蜜月伴侣最喜欢选择的酒店之一。这样居高临下的私密空间，使你感到仿佛是住在自己的私人别墅一样。有的人甚至会感到送到房间里的早餐简直让人惊奇和意外。酒店位于普吉素林海滩的高档社区内，有浴池、按摩浴缸和私密的水池。价格从4356铢起（约合141美元）。

别墅私密水池

滨岛帝王别墅酒店（The Racha Nearby Island）

与你的亲密伴侣携手，一起来到天堂一般的帝王岛，它一定会给你们带来浪漫的梦幻，令你永世难忘。宛如面粉一般细白的沙滩和蔚蓝的大海，张开双臂拥抱你们的到来。这个小岛上没有路，它距离普吉南端只有短短的12千米。如果乘快艇，只需35分钟就到了。质朴的海滩使这个别墅无出其右。价格从7600铢起（约合245美元），拥有70座别墅。

第六感官小长岛别墅度假村（Six Senses Yao Noi Koh Yao）

这个别墅的名字比较长，不过很容易记住。它位于普吉东海岸，乘快艇只需30分钟左右。小长岛是个世外桃源，坐落在山边一片橡胶林的旁边，占地9.6平方千米，你不可能在世界上再找到这样一个独特的别墅酒店。它拥有55个带游泳池的私密别墅，所有的建筑材料都是天然材料，每栋别墅面积多达154平方米，每一栋别墅都可以很好地观赏攀牙湾的美好风光。

素林海滩阿曼布里别墅酒店（Amanpuri Resort Surin Beach）

这个酒店完全符合豪华别墅酒店的标准，在豪华酒店的评比中它是佼佼者。阿曼布里（Amanpuri）是个梵文词，意为：祥和之地。它得天独厚之处是自身拥有20艘豪华游轮和游艇，可以提供豪华的海上之旅。米克·贾格尔（Mick Jaggers，英国著名音乐家和作曲家）和凯特·莫斯（Kate Mosses，著名作家）等许多名人都对这家酒店留下了难忘的印象。酒店拥有267个房间。

> **贴士**
>
> 所有宾馆的报价仅供参考，因为旺季和淡季以及特别促销，个人预订和旅行社预订都会有很大的差别。

马姆提斯度假村酒店（Mom Tri's Villa Royale Kata Beach）

位于卡塔海滩，共有26个房间。马姆提斯度假村酒店是一个优雅、浪漫的别墅酒店，专为度蜜月和情人游客而设计。是普吉最受欢迎的酒店之一，离市中心仅有0.5千米。酒店的每间客房都是精心设计，以舒适、私密为最高标准，配有宽带和无线上网，提供免费瓶装饮用水，吹风机、、熨衣板和私人泳池。酒店还有蒸汽浴室、健身房、花园、室外游泳池，游客可随时享受一下泰式水疗（Spa），让你的身心完全放松，是一种绝妙的享受。

泰式传统SPA

2. 高尔夫爱好者的天堂

普吉岛是高尔夫球爱好者的天堂，一共有6个设施完善、管理良好、风景优美的高尔夫球俱乐部和高尔夫球场。它们大多位于豪华酒店或舒适的居住区附近，有的球场本身就是高尔夫度假村，对高尔夫爱好者而言十分方便。有的酒店将住宿和打球作为一种特别服务将其销售，服务包括酒店和球场之间的接送服务，对游客前往打球提供了便利。

所有的高尔夫球俱乐部设施符合国际标准，会所服务一应俱全，提供教练服务和咨询，而且收费比较合理，大部分球场会在其公布价格基础上提供优惠。建议打球前应询问哪些服务可以获得价格优惠。

这6家高尔夫俱乐部分别是蓝峡谷乡村高尔夫俱乐部、普吉拉古那高尔夫球俱乐部、海湾棕榈高尔夫球俱乐部、赤山高尔夫俱乐部、观澜湖高尔夫别墅度假村、普吉乡村高尔夫俱乐部和泰矿海滩码头高尔夫俱乐部。

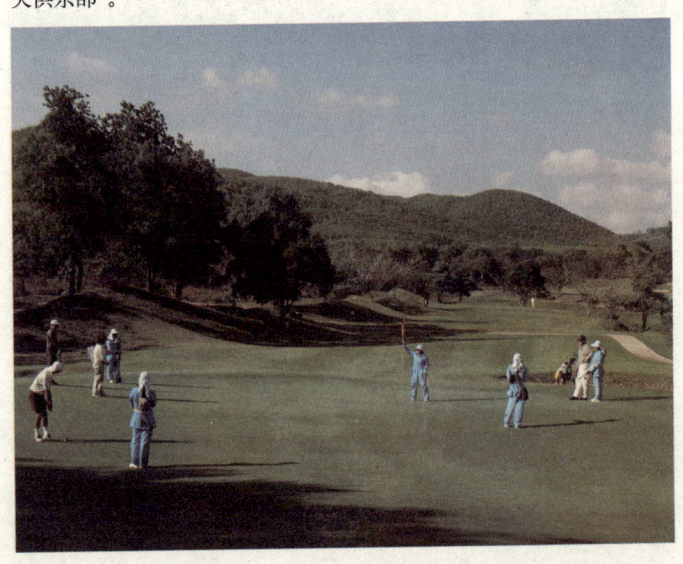

蓝峡谷乡村高尔夫俱乐部（Blue Canyon Country Club）

位于普吉岛北部，离普吉国际机场仅七分钟的路程（约1千米），球场离奈扬海滩很近，离普吉市也仅30千米，离巴东海滩约35千米。

蓝峡谷高尔夫拥有一个会所、两个球场，一是峡谷球场，二是湖畔球场。其独特之处是两个发球点一个在室外，一个在室内。此外，还有4个推杆练习果岭。

有一处更衣室和两个餐厅，会所提供按摩、桑拿、蒸汽桑拿和浴池，还有两个游泳池、网球场和健身房供使用。住宿方面，球场提供40间小屋，也有两个卧室和三个卧室的公寓房供球员居住。

该球场曾于1994年和1998年举办经典黑方高尔夫比赛，1996年举办本田国际邀请赛。

①峡谷球场（The Canyon Course）

这是一个标准的72杆、18洞球场，全长7179码（1码≈0.914米）。1991年正式启用。该球场有较大的挑战性，其中10个洞，分布着80个沙坑和水塘。费用为果岭费5600铢，球童费250铢，俱乐部租赁费1000～2000铢，以上花费约为200～250美元，球场内不允许使用高尔夫球车。

②湖畔球场（The Lakes Course）

这也是一个标准的72杆、18洞球场，全长7129码。该球场难度更大，其中17个洞有36个沙坑和水。这些沙坑和水是原来废弃的锡矿坑遗留下来的。球道沿着一排排的老橡胶树林蜿蜒向前，有的球道要比峡谷球场相对长一些，费用相对便宜一些，其中果岭费为4000铢，球童费为250铢，俱乐部租赁费1000铢，高尔夫球车租用费600铢（1人1车），合计约4850铢（约合160美元或1000元人民币左右）。按泰国惯例，在泰国打高尔夫球要另付球童小费100～500铢不等。

普吉拉古那高尔夫球俱乐部（Laguna Phuket Golf Club）

2004年前，拉古那高尔夫球俱乐部名为普吉榕树高尔夫球俱乐部。距离邦陶很近，距离巴东海滩约17千米、普吉市22千米、普吉国际机场18千米，是普吉拉古那别墅酒店的一个组成部分。球场是标准的72杆、18洞，球道很新并得到良好维护。球场高低错落有致，18个洞中13个有水。会所提供住宿、发球、推杆果岭、沙坑和切杆练习场地，还有部分网球场。俱乐部设施一应俱全，有浴室、更衣室和按摩服务；还有五星级的酒吧间，这些都是由榕树别墅酒店集团管理的。

球场内不允许使用高尔夫球车，果岭费为3800铢，球童费250铢，俱乐部租赁费900～2200铢，以上花费约合200美元。

海湾棕榈高尔夫球俱乐部（Loch Palm Golf Club）

海湾棕榈高尔夫过去的名字叫普吉世纪乡村高尔夫俱乐部，位于普吉市和巴东区中间，离普吉市约9千米，巴东海滩约7千米，离普吉国际机场约32千米。这是一个山地式球场，与加土瀑布相邻。

这是个标准的18洞球场，1999年正式对外营业，其最后3个洞是2004年加上去的。占地4平方千米，球道全长6555码。果岭上有成排的棕榈树，旁边是普吉最大的湖泊——水晶湖，占地约0.48平方千米。18个洞中有13个洞有水。球道依山势而建，球道有高有低、错落有致、蜿蜒前行，十分富有挑战性。球场中一共设置了67个沙坑。

会所还有一处发球练习场和推杆练习场。

会所中不安排住宿。一般果岭费为3500铢，球童费250铢，也可以不使用球童。租球车费为700～900铢，俱乐部租用费为420～1000铢。以上费用约5000铢，约合180美元。

赤山高尔夫俱乐部（Red Mountain Golf Course）

这是一个18洞的标准高尔夫球场，2007年5月开始营业，是海湾棕榈高尔夫球俱乐部的姊妹球场，之所以取名赤山，是因为球场周围为热带雨林环抱。

这个球场在普吉来说海拔最高，过去也是开采锡矿的矿山。从一些果岭上可以眺望查龙湾和普吉湾，风景十分优美。不难想象，海拔

和地形的变化，加上众多的沙坑和水塘，会使打球变得富有挑战性。

球道总长约7000码。由于是2007年刚建成的，其会所显得相当豪华。果岭费相对较高，为5000铢，球童费250铢，高尔夫球车是必需的，租费为700铢，会所规定人手一车。俱乐部租赁费为600～1000铢。

观澜湖高尔夫别墅度假村（Mission Hills Phuket Golf Resort and Spa）

位于普吉岛东北部，依山傍水而建，过去是一片橡胶种植园。距离普吉国际机场8千米、普吉市27千米、巴东海滩35千米。

该球场是标准的18洞球场，球道全长6808码，由尼古拉斯设计公司设计，2004年正式开始营业。球场背后为山、前面为海。选用质量最好的白沙和草皮，其中7个洞有水。会所内共有72间住房可安排住宿，有国际标准的餐厅、酒吧和游泳池。果岭费为3800铢，球童费250铢，俱乐部租赁费为1000铢，球车为必租，租费600铢，以上费用约为5650铢。

普吉乡村高尔夫俱乐部（Phuket Country Club）

普吉乡村高尔夫俱乐部始建于1989年，原址是废弃的锡矿区，位于普吉市和巴东区之间，分别相距6和7千米，距离普吉国际机场30千米。共有两个球道，一个18洞，另一个9洞，共27洞。旧球场为18洞，全长6484码，沿山谷和森林而建，有7个水塘和54个沙坑。新球场为9洞，全长3575码，有8个水塘和27个沙坑。

高尔夫球车只能在9洞球场使用，18洞球场禁止使用，因为其球

道相当平坦。两个球道均有一个会所，但共享一个训练球道、推杆练习果岭和切杆区域。会所内设有会议室，提供桑拿服务。9洞球场内还有一个25米的游泳池，18洞球场内的游泳池相对小一些。果岭费为3500铢，球童费为250铢，俱乐部租赁费为每次800~1000铢。

高尔夫知识

高尔夫球的发源地是苏格兰。最早的文字记载始于1457年英国詹姆士二世的文字记录，世界上第一个高尔夫球场也在苏格兰。

高尔夫（Golf）究竟是什么含义，目前在世界上没有一个统一的标准说法。

一个流行最广的说法是，高尔夫是"Gentlemen Only Ladies Forbidden"（绅士特权，妇女禁玩）的球类。当然,这应该不是正确的概念。当今女士打高尔夫球的也不少。似乎高尔夫球（Golf）是从英国和欧洲大陆历史上流行的一种棍子和球的运动叫做"chole"和"kolf"发展而来。这里面既有德语也有荷兰语词汇，究竟是怎么组成的谁也说不清。不管叫什么，反正现在都叫Golf。

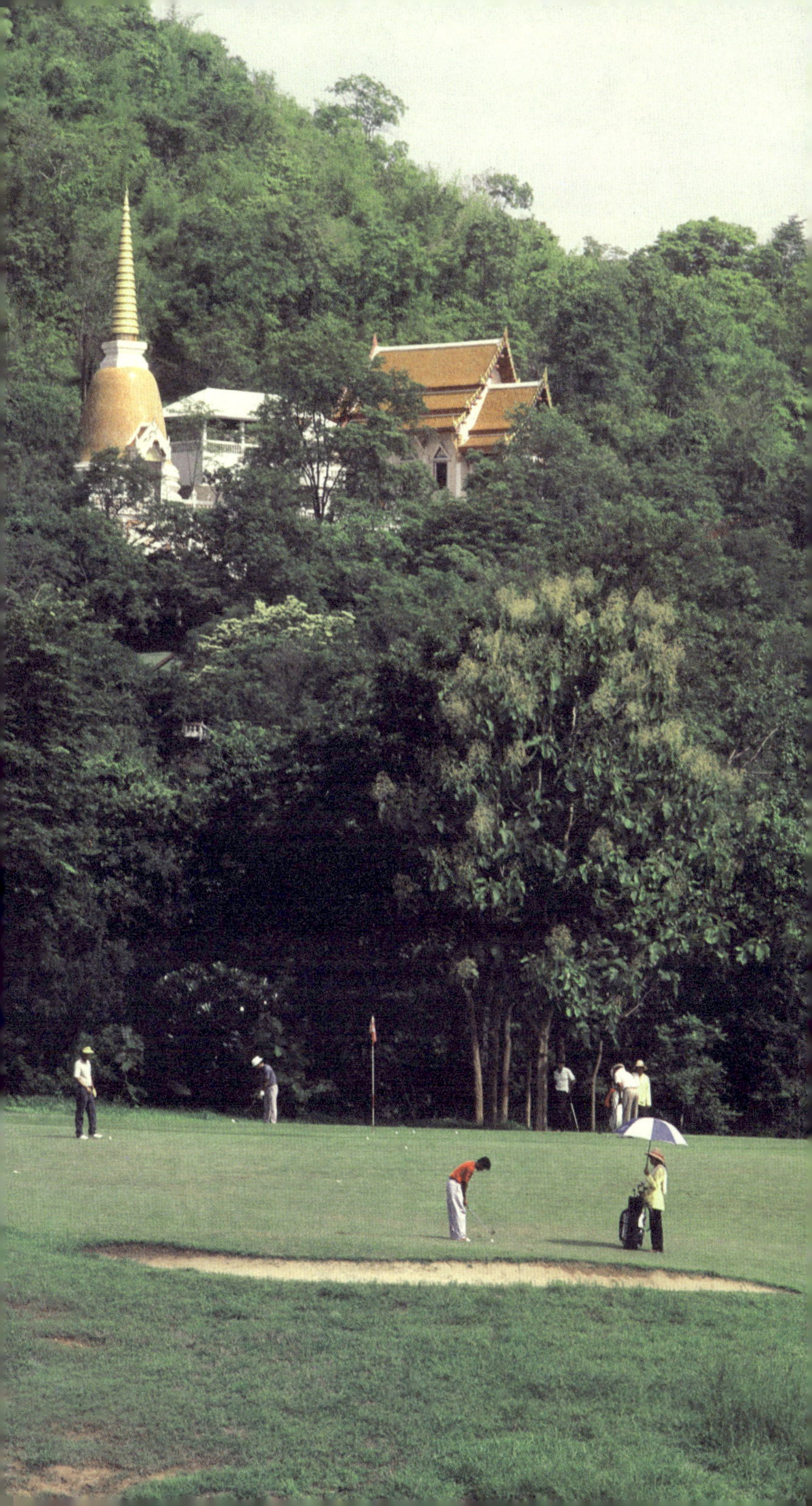

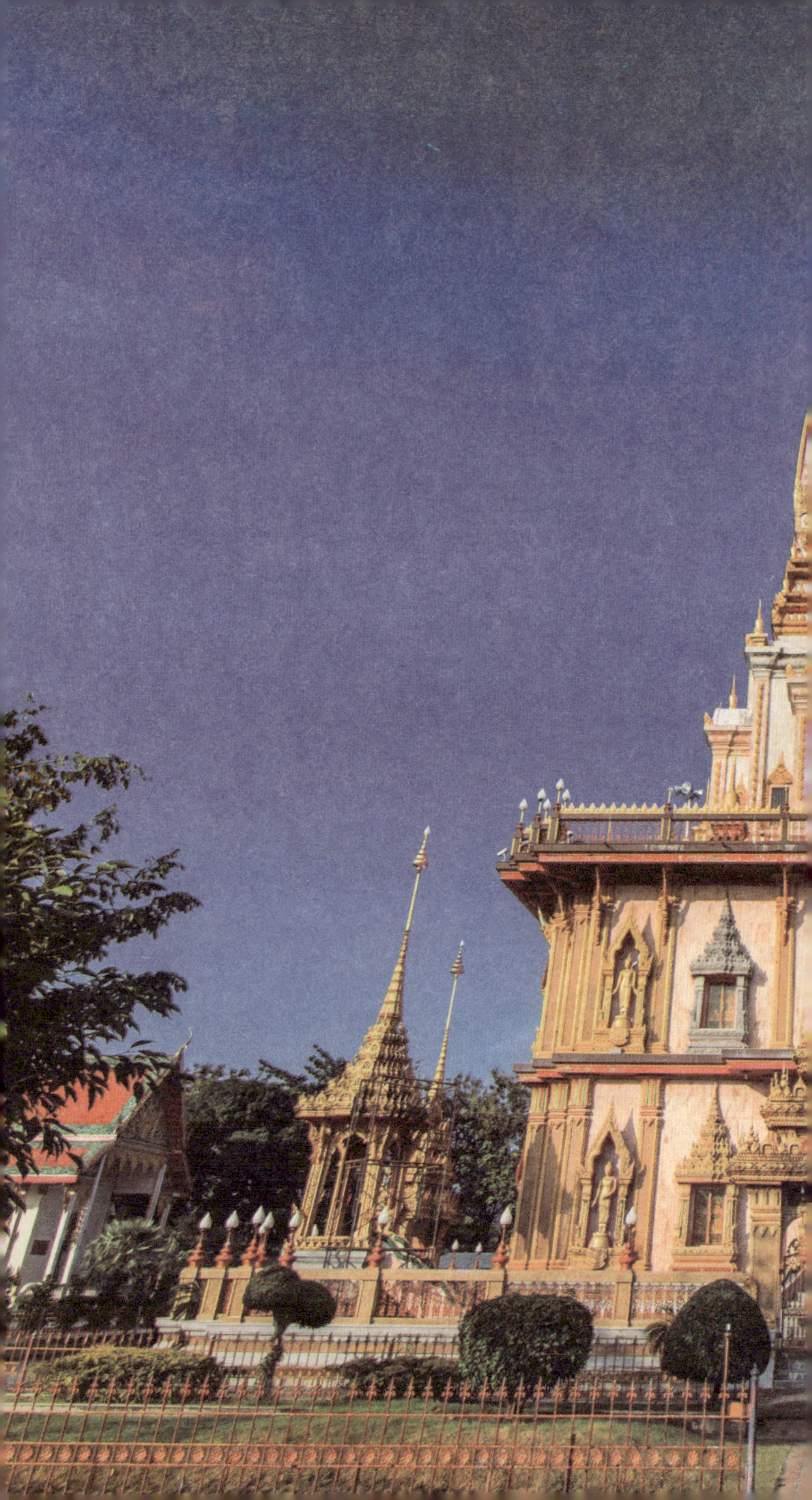

普吉岛上的旅游热点

庙宇神寺

查龙寺、西顺通寺、帕娘尚寺、帕通寺

华人祠堂和泰华博物馆

斗母宫、邦尼奥祠堂、泰华博物馆

其他知名景点

姊妹英雄纪念碑、蝴蝶园和昆虫世界、幻多奇乐园、贝壳博物馆

帕通寺

1. 庙宇神寺

佛寺在泰语中叫作"Wat",泰国的佛教徒和信众对佛教非常虔诚。在特定的日子里,佛教徒或普通泰国民众都喜欢到佛寺去烧香拜佛。游客来到普吉,也喜欢到佛寺里朝拜。

普吉的居民,大多数信奉佛教,约有25%的人口信奉伊斯兰教。普吉的穆斯林对人友善,大部分的清真寺都欢迎游客来访,但最好先征得他们同意后再进入。如果清真寺里正举行宗教仪式或正在做祈祷,请不要提前离开。清真寺要求来访者穿着要得体,尤其是对女士更是如此,不要穿得太随便,也不应过分暴露。

佛教寺庙对来访者也有一定的礼仪要求。游客参观寺庙时,衣着要得体。下身应该穿裤子、过膝短裤。男士可以穿长袖衬衫或T恤衫,不要穿背心。女士可以穿过膝裙子或裤子,不得穿吊带装或超短裙。进入宗教建筑之前,应该脱鞋、帽子和摘下太阳镜。

脚底被认为是身体最低下的部分,如果你在佛祖像或其他佛像前坐下,请不要将你的脚朝向佛像,否则会认为是对佛祖或佛像不敬。

泰国人到访佛寺,通常会先到寺庙商店里买供品,包括鲜花、蜡烛、香烛和金箔,这也是向佛寺布施的一种方式。他们会拿着供品进到佛寺,摆放好鲜花,将它们供放到台上,然后点燃香烛,插到满是香灰的香炉里。在往佛像身上贴金箔前,他们会双手合十,向着佛祖或其他受人尊敬的高僧佛像祈祷。游客也可以模仿这个方式来拜佛。

泰国普通百姓相信佛的力量,他们有自己的"占卦"方法,你也许会看到这样一幕:人们闭上的眼睛,往地上扔两块小木块。如果两块木块都朝上,答案是"NO",反之则是"YES"。这和我们扔硬币看正反面是一样的道理。

查龙寺

泰国的佛寺里也抽签,每支签都有不同的号码。中国人抽签主要是想解签知凶吉。泰国人除此以外,还有一个目的,那就是抽取幸运号码。他们会马上拿着这个幸运号码,到佛寺外面去买彩票。他们相信幸运号码是神的提示,是吉祥数字,会提高中签的几率。当然,能否中奖,那还要看他的运气。你大可放松心情,参加里面的宗教仪式。只要你是真心诚意地做,当地人会很高兴看到你加入他们的行列,有时也会指导你该如何去做。

普吉岛上佛寺很多,下面着重介绍以下几个佛寺:

查龙寺

查龙寺

查龙寺（Wat Chalong）（地图P076D2）

这是岛上最著名的佛寺，位于昭发西路（Chao Fa West Road），距离查龙湾约3千米。查龙寺有着多姿多彩的历史，深受普吉人民的崇敬。该寺始建于18世纪末期，在普吉历史上几个重大事件中，发挥了重要作用。寺里供奉着几尊高僧塑像。这些高僧对佛寺做过重要贡献。据说，在佛寺60米高的佛塔顶上，供奉着佛祖释迦牟尼的一块佛骨舍利，每天都有大批的佛教徒前来顶礼膜拜。

西顺通寺（Wat Sri Sunthon）（地图P076C2）

梦幻海滩(Dream Beach)位于乌鲁瓦图区，是很漂亮的度假场所，会所式经营，建筑清新，有酒店、高尔夫球场、别墅区。这里风急浪高，不适合泛舟、游泳，但却是晒太阳与冲浪的好地方，深得寻求刺激的年轻一族的青睐。餐厅旁的游泳池与大海连成一色，无边无际，纯净而又浪漫的海滩，吸引着世界各地的游客来访。梦幻海滩美得让人无法用语言来表达，任何高清摄影摄像装备都无法展示其无限的魅力。

位于普吉市区通向岛的北边的主路贴卡拉沙提路（Thepkrasattri Road）上，在姊妹英雄像往北约1千米处。该佛寺以其中一位女英雄——陶·西顺通（Thao Sri Sunthon）的名字命名。寺里供奉着一尊普吉最大的佛像。

帕娘尚寺（Wat Phra Nang Sang）（地图P076B2）

帕娘尚寺位于塔朗区，就在塔朗十字路口的南边，这个寺庙有500多年的历史，是普吉最古老的寺庙。1785年，当缅甸军队入侵普吉时，该寺庙是集结民众反击入侵者的大本营。

从寺庙的名字可以看出，该寺是由一位王族女子建造的（帕娘是王族封号）。据民间传说，当地一位女子因参加某一活动被当局判处死刑。行刑前，她请求允许她最后一次赴斯里兰卡去朝拜佛祖舍利。她回来后，在行刑前建起了这座寺庙。在执行死刑后，从她身上喷出来的血居然是白色的，这证明了她的无辜，因此把她称为乐考（Luad Khao，white blood，白血之意）。

寺庙坐落在一个大院子里，里面供奉着佛祖和姊妹英雄像。有一件不可思议的事情，那就是里面有一具50年前圆寂的高僧木乃伊。这个木乃伊不是后人为他做的，而是他自己绝食而死。生前他使用一种神秘的药汁，使自己的身体在圆寂后可以防腐。该木乃伊至今仍保存完好。

帕娘尚寺

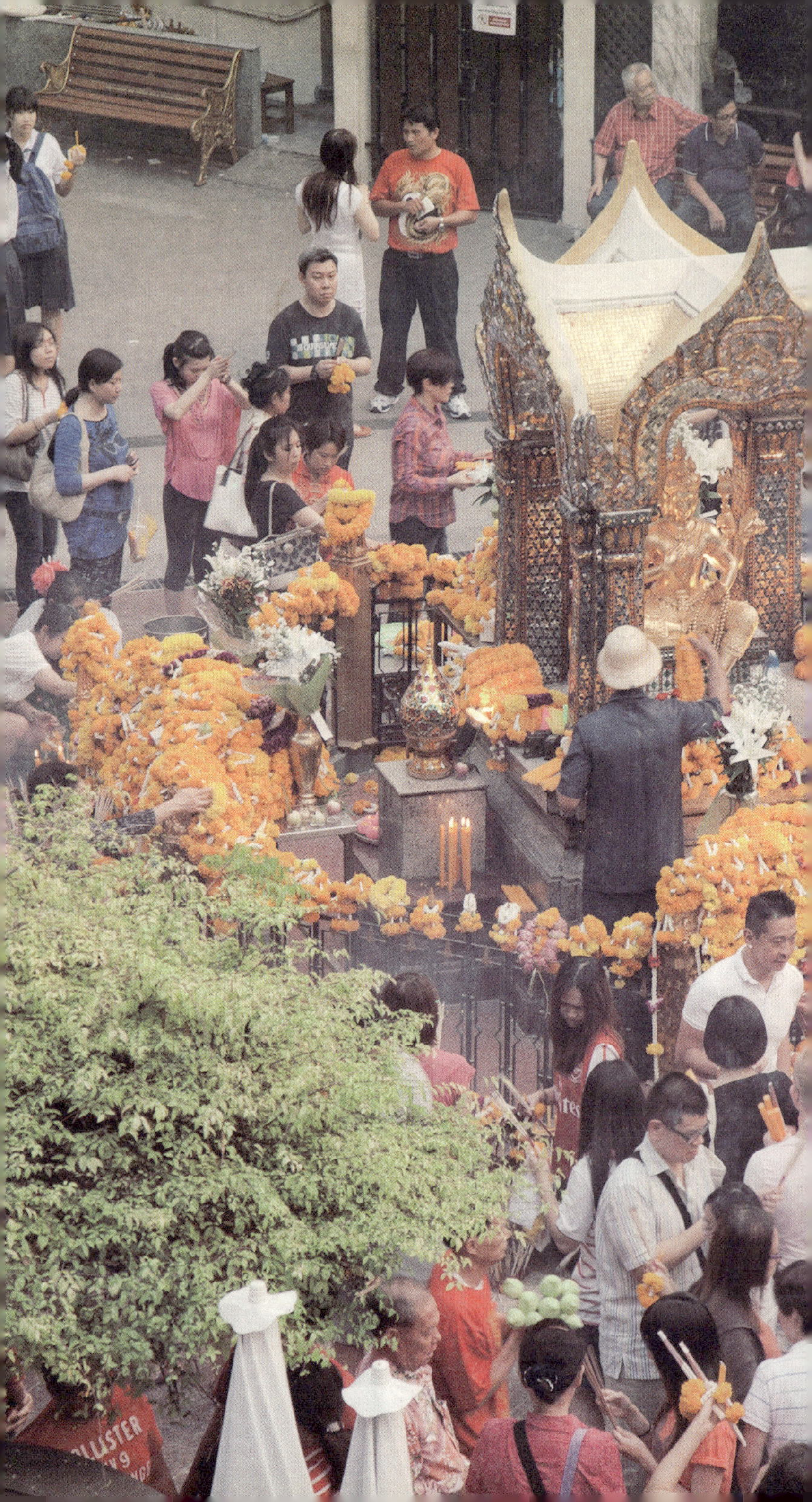

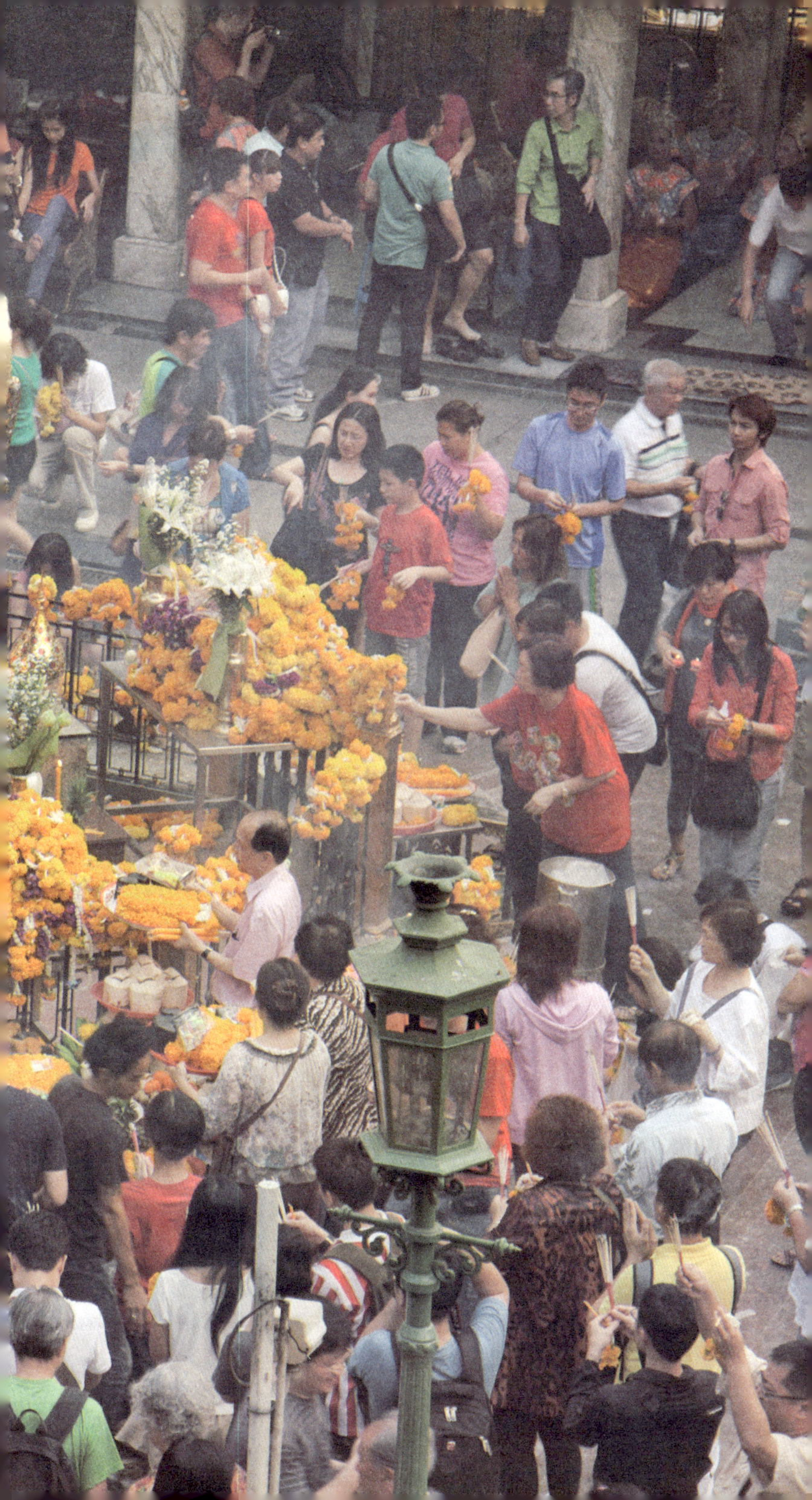

帕通寺（Wat Phra Thong）（地图P076B2）

帕通寺的意思是金佛寺。因为该寺供奉着一尊神秘的金佛像。据民间传说，1785年，当缅甸军队入侵普吉时，缅军发现地下埋着这尊佛像，想将它挖出来，但始终没有得逞。缅军士兵遭遇大批蚂蚁围攻，数以百计的士兵因病死亡。当地民众将缅军赶跑，将这尊佛像包上金子，称为金佛像。村民们在佛像周围建起金佛寺。该尊金佛至今保存完好。

佛寺里有一个博物馆，展出大量佛教珍贵文物和普吉人古老的日常生活用具。

帕通寺

2. 华人祠堂和泰华博物馆

几个世纪前，由于普吉发现锡矿并大规模开采，大批华人尤其是福建人从中国东南沿海来到普吉。他们不仅带来了悠久的历史文化传统，而且将这些传统延续至今。他们在普吉城区建了许许多多的神庙和祠堂，经常举行一系列纪念活动，这些活动在庆祝"九皇斋"素食节时达到顶峰。

早期泰籍华人的信仰，是中国古老儒家文化和佛教及道教的综合体。黄色和红色是其代表色彩，狮子、龙、猴子是最重要的动物图腾。一年一度的"九皇斋"素食节纪念活动主要由这些祠堂带头进行。

普吉市里有大大小小的华人祠堂和寺庙共40多座，有的是道观，有的是祠堂，各自供奉不同的神灵。在普吉"九皇斋"素食节期间，这些祠堂和道观是最主要的活动场所。主要有以下地点：

泰华博物馆

斗母宫

斗母宫（Jui Tui Shrine）（地图P076D2）

斗母宫（Jui Tui Shrine）位于拉侬路（Ranong Road）的菩通胡同（Soi Phuthorn），离普吉大市场不远。这是普吉城区最古老而神圣的祠堂，是每个初到普吉者必到的场所。最初祠堂建于普吉老城的罗玛尼胡同，多年前由于一场火灾而搬迁至此。当时这是当地唯一的一栋建筑。

斗母宫对岛上居民来说有着非常重要的意义。他们在生日、订婚、婴儿出生或大病初愈后，或者遇到生活中的难关时，都会到神像前叩头上香，祈求神灵保佑平安。

许多普吉学子到外地求学前，也会到神像前上香膜拜，并祈求神灵随其前往新的地方去保佑他们。

斗母宫内还有一小块地方是专门用于纪念那些对斗母宫有杰出贡献的人。他们去世后，人们将其牌位摆放在供案上，供后人瞻仰。此外，上面还列有祖上三代人的族谱，可见当地居民与斗母宫的联系紧密。

邦尼奥祠堂（Bang Neow Shrine）（地图P076D2）

邦尼奥祠堂系1904年为纪念邦肯（Buang Keng）和贴·拉西（Thep Rasi）两位英雄而建。最初建在罗玛尼胡同，因发生火灾而被迫迁移。祠堂呈长方形，中间供着主神牌位，两侧供着另外几个神的牌位。墙上绘有许多中国神话故事，中华图腾——龙的绘画几乎无处不在。这是举行"九皇斋节"期间最主要的活动场所之一。

泰华博物馆（Phuket Thai Hua Museum）

泰华博物馆由谷顺颂廊皇家慈善基金会（Kusonsongkhroh Foundation），当地人称为六仙阁（Lok Xian Kok）负责管理。该慈善机构可以追溯到当年开采锡矿时代，由当时一些华商发起建立起来，最早的目的是为了帮助那些遭遇不幸和贫困的华人移民改善生活条件，同时建立医院和学校。

这是普吉唯一以华人为主题的博物馆。建于1934年，位于普吉市甲米路。这是一个典型的中式加葡萄牙式建筑，经过重新装修的楼房曾是普吉华文学校的校舍，现在用作博物馆、展览厅以及举行活动的场所。

博物馆最突出的地方是它拥有一个露天的庭院，被看做是中国和葡萄牙式建筑的典型特点。在这个庭院里，即使炎炎夏日，也会感到相当凉快。院里除了各种鲜花和绿植外，还陈列着当年开采锡矿时使用的又大又重的采矿工具。博物馆共分两层，有10多个展室，每层都播放短片，分别用泰语和中文配上英语字幕讲述博物馆的历史，从多个角度介绍普吉与中国的紧密联系、普吉第一所华文学校、岛上的中国、葡萄牙式建筑以及普吉的传统民俗节庆活动和中餐饮等内容。

据泰华博物馆记载：普吉华人移民主要来自福建福州和厦门等地区。经过几百年的辛勤创业，部分华人已成为当地的望族。在六世王时代（1910—1925），泰国规定所有华人都要加入泰籍，改用泰文姓名，其子女出生时自然获得泰国国籍。因此，除少部分保留中国国籍外，大部分华人成为泰籍华人。从名字上看，当地人可以清楚地知道这些人的华人背景。

这些华人名望家族中，最著名的是拥有巴东区五星级钻石山崖别墅酒店（Diamond Cliff Resort & Spa）及切拉姆度假村（Cheraim Spa Village）的业主——埃克瓦尼家族以及在卡杜区拥有普吉乡村高尔夫俱乐部（Phuket Country Club Golf Course）的玉凤家族（Hongsyok）等。玉凤家族还拥有曼谷的最高建筑——玉凤大厦。2008年时，暹罗建筑协会为表彰泰华博物馆保留建筑艺术所做出的积极贡献向其颁发了奖牌。

姐妹英雄纪念碑

蝴蝶园

3. 其他知名景点

姐妹英雄纪念碑（Two Heroines Monument）（地图P076C2）

  1785年，缅甸军队入侵普吉，在王后坤仁珍（Khunying CHAN）和她的姐妹穆克（MUK）领导下，当地居民奋起抗击。经过30天的奋战，成功将入侵者赶出普吉。普吉人自豪地称她们为"陶贴女王"和"陶西顺通"，至今受到人们的高度敬仰。

  1966年，普吉人民为了纪念姐妹俩的英雄事迹，在塔朗区交通路口处建立姐妹英雄纪念碑，成为普吉的地标式建筑（注：陶"Thao"系王族封号，相当于我国傣族的"刀"）。

蝴蝶园和昆虫世界（Phuket Butterfly Garden & Insect World）（地图P076D2）

普吉蝴蝶园和昆虫世界位于普吉市西北角的三空路（Sam Kong），离乐购莲花购物中心（Tesco Lotus Shopping Center）不远。这里既是一个赏心悦目的去处，也是昆虫生物知识的普及场所。

在巨大的拱形大棚里，超过40种的蝴蝶在多姿多彩的热带花园里自由飞翔。在这里，你可以看到蝴蝶从交配、产卵、幼虫、成蛹和化蝶的全过程，学到有关培育优质蝴蝶品种的知识。

这里也是一个昆虫的世界，这里展示许多各种各样的神奇昆虫，在人们的日常生活中绝对难得一见。有的昆虫或蜘蛛体型巨大，让人有一种毛骨悚然的感觉。

蝴蝶园是普吉的一个郁郁葱葱的美丽花园。拱棚里采用人工恒温恒湿，在里面行走，你会感觉像是在热带花园里散步一样。潺潺小溪和峰回路转的池塘里大批的锦鲤鱼在自由自在地悠游，你还可以找到非常罕见的无壳龟在那里悠闲生活。

幻多奇乐园（Phuket FantaSea）（地图P076C1）

"幻多奇"是普吉最大的综艺乐园，1998年底正式开始营业。它的主建筑外观设计有些夸张，顶端是富丽堂皇的泰式金顶，还有几尊雕像。傍晚时分，巨大的霓虹灯耀眼闪烁，热情欢迎来自各方的宾客。

剧场表演从晚上20:30开始入场，观众通过安检门入内。进入表演大厅后，你会看到许多服务小生、小象和小老虎在等着你，你可以跟它们拍照留念，当然这是要付费的。正式演出从21:00开始。

幻多奇乐园

综艺演出内容丰富，既有泰国北部、东北部和南部的民间传统舞蹈，极富想象力的魔术表演、大象表演、飞人表演，还有山羊、公鸡、水牛和鸽子等许多动物参与的杂耍，还有皮影戏等。它最大限度地利用现代高科技的声光电技术，整个表演，时而烟雾弥漫，时而响声震天，时而狂风暴雨大作，时而寂静祥和，展现出一幅又一幅的美丽画卷。游客在这里，在如梦如幻的时光中，尽情享受着温馨的夜晚和现代科技带来的视听享受。

来到"幻多奇"，不仅可以观看令人眼花缭乱的文艺表演，剧场外的世界同样精彩。这里还是一个主题公园，琳琅满目的商店，T恤衫、沙滩用品到珠宝首饰，应有尽有。同时还举行一系列嘉年华表演和骑大象等活动。如果早到了，演出还没开始，有许多节目可以帮你消磨时光。例如，乘大象转一圈，或参观一下以大海为主题的拱廊，也有许多儿童游戏供孩子们玩耍。在室外的酒吧间，一名调酒师在表演调酒技艺，只见他手上的酒瓶娴熟地上下翻飞，时而转动、时而抛起，同时他还随着音乐节拍跳起欢快的舞蹈，让游客惊叹不已。此外，也可以到照相馆，穿上传统的泰式服装拍照留念。

这里还有号称亚洲第一的金色"钦娜丽"自助餐厅(The Golden Kinnaree)。巨大的餐厅可以同时容纳4000人用餐，优秀的管理团队和彬彬有礼的服务生，一切都显得那样井然有序。餐饮品种多样，既有传统的泰餐，也有国际化的特色餐饮，热带水果和各式甜品也丰富多样。

"幻多奇"晚会节目简介：

第一幕：阵容强大的演员和大象入场。英文解说："这是一个魔幻的世界，一个神话的故事，

幻多奇乐园

幻多奇乐园

以艺术的形式展示泰国历史。"

  第二幕：万能的神创造了天、地、光明和太阳，人们快乐地生活着。突然有一天魔鬼来了，打破了人间的平静，神的儿子和魔鬼展开了殊死搏斗，但打不赢魔鬼。这时神的坐骑大象赶来，救出了神的儿子，并同神的儿子一起赶走了魔鬼，天下恢复了太平。这一幕，用激光技术配上复古的皮影，让人耳目一新。

  第三幕：这一幕开始分阶段诠释上面的一幕。先是剧院一片漆黑，然后就看见许多演员吊在你的头顶上演杂技。他们忽上忽下，飞行自如。舞台打出来的是荧光，映出我们衣服的颜色。

  第四幕：许多带翅膀的仙女下凡，男人在田里辛勤劳作，人们快乐地生活着。羊和小鸡训练有素地跑过舞台，鸽子成群地被放出来在观众头上飞过，接着又被收了回去。这是个男耕女织的时代。

  第五幕：两个西洋人变魔术，先变出了老虎，后邀请观众参与。从"刀切两段"到"锅里煮"，看来参与者需要一定的心理素质。这一幕让大家都笑了。

  第六幕：神的儿子看上了人间的姑娘，唱了一段爱情歌曲。银幕上播放一段视频，是当地泰国渔民如何捕鱼和耕作，还有反映泰国东北、北部和南部的传统舞蹈。

  第七幕：在一个风雨交加的晚上，魔鬼来了，抢走了神的儿子心爱的姑娘。雨水真的从舞台上下了起来，电闪雷鸣，让人如身临其境。神的儿子得到消息，背上行囊，追了出去。

  第八幕：是战斗的场面，地狱之火熊熊燃烧，勇士和野兽进行殊死搏斗，神的儿子受伤倒下。这时大象出现了，"他"在舞台上来回穿梭，打倒了魔鬼。

第九幕：神的儿子救出了姑娘，姑娘爱上了小伙，有情人终成眷属。而大象则被视为泰国的吉祥物和守护神。几十头大象依次出场，场面壮观。

第十幕：谢幕欢送观众。

贝壳博物馆（Phuket Seashell Museum）（地图P076E2）

普吉贝壳博物馆位于普吉威榭路（Vised Rd），在普吉艾维逊别墅度假村（Evason Phuket Resort & Spa）入口的对面。

博物馆里展出大批主要产自泰国的海洋贝壳和化石，这些贝壳和化石都是非常罕见和独特的标本，它向人们展示了一个从古至今色彩斑斓的海底贝类生物的演变和进化过程，是一个不可多得的海洋生物学习基地。展品中最为稀有的是一颗金色珍珠和一只极为罕见的左手螺标本（螺纹向左转，与其他螺壳相反），它们都是收藏家们的宝贝。

博物馆分上下两层，底层是展室，上层除展品外，也出售一些漂亮的贝壳纪念品供游客选购。一些游客购买后，可用来加工制作成漂亮的旅游纪念品。

贝壳博物馆

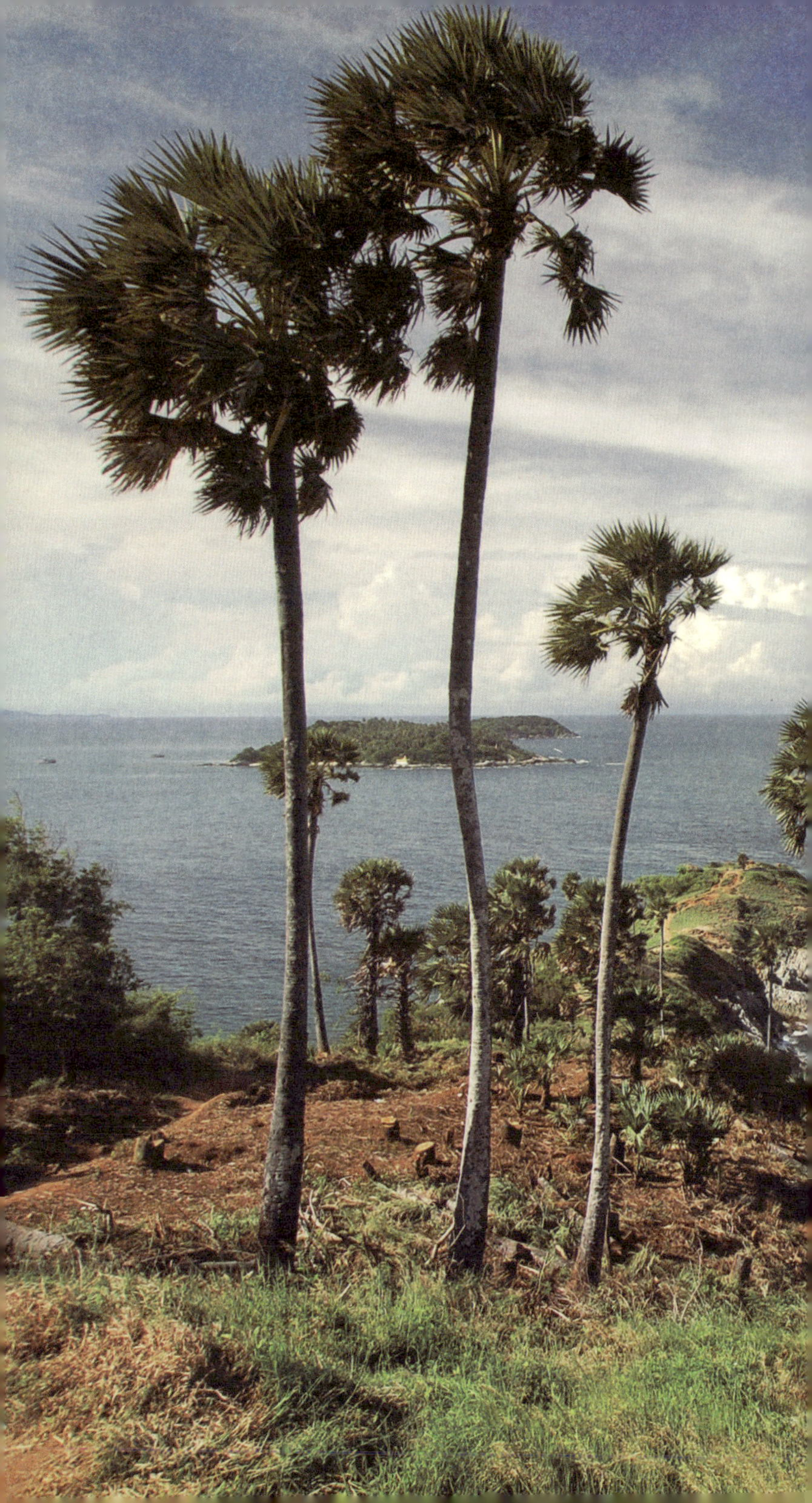

普吉海岛、海滩旅游热点

主要海岛及海滩

普罗贴角、巴东海滩、卡塔海滩、奈汉海滩、卡马拉海滩、帝王岛、乔岛、迈吞岛、阁隆岛、小纳卡岛、珊瑚岛

周边海岛及海湾

披披岛、玛雅湾、凯岛、攀牙湾、蟹眼岛

1. 主要海岛及海滩

普罗贻角（神仙半岛）（Laem Phromthep）（地图P076E1）

普罗贻角（神仙半岛）又译为巴拉玛斯之角（Brahmas Cape），是普吉最重要的地标之一。傍晚时分到普罗贻角（神仙半岛）观赏日落，是普吉的一个重要旅游项目。俗话说：如果你到了普吉而不去普罗贻角（神仙半岛），等于没到过普吉。普罗贻角（神仙半岛）位于普吉岛的最南端。在这里，游客可以沐浴在阳光下，饱览美丽的大海景色。此时由于游客众多，可能会有些拥挤。

神仙半岛

巴东海滩（Hat Patong）（地图P076D1）

巴东海滩是普吉开发最好的海滩，沙质幼白、游客众多，白天和夜晚活动最为丰富，是普吉最为著名的海滩，也是最佳的摄影地之一。

该海滩距离普吉市约15千米，酒店旅馆众多，商铺林立，沙滩长达3千米，沙质细，适宜游泳、休闲、海上风帆滑板、浮潜、滑翔伞等各种水上运动。

巴东日落

卡塔海滩（Hat Kata）（地图P076E1）

距离普吉市约17千米，分为大卡塔和小卡塔海滩。这两处海滩都是观赏珊瑚和热带鱼及海洋生态的好去处。另外，廉赛半岛（Laem Sai）外的柯普岛是一个无人居住的小岛，也值得一游。那里的海洋生物非常丰富，尤其是活的海珊瑚色彩斑斓，美不胜收。在这两个海滩上也经常举行一系列娱乐活动。海滩附近依山傍水，建有旅馆，游客可根据自己的喜好选择。

卡塔海滩

奈汉海滩（Hat Nai Han）〔地图P076E1〕

距离卡塔海滩约几千米，紧挨着普罗贻角（Laem Phromthep），离普吉城区约18千米。

奈汉海滩的自然条件非常优越，幼沙细如粉末，海水清澈见底，海滩紧挨两个迷人的潟湖，岸上种有成排的橡胶树和其他热带树木。

该海滩还没有被完全开发，仍处于半原始状态。游人不多，更显得安静祥和。对于不喜欢喧嚣的游客来说，这是一个平静休憩的好地方。在5月—10月的多雨季节，这里风大浪急，海滩情况比较复杂，建议不要在这里下海游泳。看看那些迎风招展的彩旗你就知道这里提供

旅游资讯 地图导览

住宿服务。虽然选择十分有限，但是，这里既有廉价的"邦加罗"式住房，也有顶级的游艇俱乐部。具体可通过普吉旅游机构查询最新的住房和价格等信息。

游客可以从拉侬路和喷泉转盘附近乘"双排座"出租车前往海滩，单程车费每人25铢。如果包一辆"嘟嘟"车，价格约为150~200铢。此外，巴东提供各式各样的海鲜美食，沿海滩有许多餐馆供游客选择。

卡马拉海滩（Hat Kamala）〔地图P076C1〕

距离普吉市约26千米，海滩长达2千米，提供各种各样的沙滩和海上运动及休闲，宾馆设施齐全。

卡马拉海滩

奈汉海滩

帝王岛（Ko Racha） 地图P076E2

帝王岛位于普吉岛南端，由大帝王(Big Racha)和小帝王(Small Racha)两个岛组成。

1. 大帝王岛

大帝王岛不仅风光优美，更是一个探索神秘海底世界的好地方，尤其是暹罗湾（Ao Siam）、特埃湾（Ao Tue）和昆凯湾（Khon Kae）最值得一去。大帝王岛的西面，在类似马蹄状的山谷间有一片非常迷人的海滩。这个称之为邦加罗湾的区域之所以声名远播，是因为它拥有细如粉末般的白沙滩和水晶般清澈见底的蔚蓝海水，很适宜开展冲浪、浮潜、潜水和观赏热带鱼类等活动。

岛上的美景宛如陶渊明笔下的"世外桃源"，放眼望去，只见成片的椰子树硕果累累，微风习习，椰子树开心地舒展着翠绿的叶子随风飘曳，茂密的热带丛林生机盎然，俨然一片碧绿的青纱帐，大片的淡黄色"占巴花"点缀其中，构成一幅热带雨林的美丽画卷。海湾的南端是一个小山峰。站在山峰上，整个帝王岛美景一览无遗，人们无不为大自然的鬼斧神工所惊叹。

岛上有三家酒店度假村可提供住宿，分别为：帝王酒店（The Racha Hotel）、班拉雅度假村(Ban Raya Resort & SPA)和拉雅武里酒店(Raya Buri Hotel)。帝王酒店最豪华，价格也最高。班拉雅度假

村（Ban Raya Resort &Spa）也不错，喜欢浮潜的人可以选择在这里下榻。拉雅武里酒店（Raya Buri Hotel）规模较小，三家酒店都有属于自己的游泳池和花园。另外，还有一家小饭店名叫父亲度假村（Father Resort），位于大帝王岛的中心位置，餐馆做出的食物味道不错，价格也公道。

2. 小帝王岛

小帝王岛(Small Racha)位于普吉岛东南方向约4千米处，与普吉岛仅相隔一条小小的塔钦运河（Thachin Canal），距离大帝王岛(Big Racha)约10千米，准确地说是一个珊瑚岛，是在亿万年中由无数的珊瑚礁累积而成，岛上石山的面积远远大于海滩的面积。因此，这个小岛更适合于垂钓。如果想到这个岛上游玩，可以从查龙码头（Chalong Pier）乘长尾汽艇或快艇前往，也可以通过信誉良好的旅行社组团前往。

小帝王岛不是游泳的最佳去处，其最大魅力在于它是普吉最古老和最大的原住民——船民（Chao Le）聚居区，他们被称之为"海上吉普赛人"（sea gypsies）。游客在岛上尤其是在图凯半岛（Laem Tukkae），可以就近探索他们的生活起居和风俗民情。

小帝王岛(Small Racha)占地约20平方千米。岛的山顶佛寺里有一尊宏伟的卧佛佛像。

帝王岛

乔岛（Ko Kaeo）
（地图P076B2）

该岛位于普罗贻角南边，距离拉外韦海滩（Rawai Beach）仅3千米，乘船约需30分钟左右。那里供奉着一个仿制的佛祖脚印。岛上安静祥和，白白的沙滩、碧绿的海水特别是随处可见的珊瑚礁为游人所赞美。

拉外韦海滩

迈吞岛（Ko Mai Thon）
（地图P076E3）

迈吞岛位于普吉的南端，是一个安详静谧的小岛。它的知名之处在于色彩斑斓的活珊瑚以及水晶一般清澈见底的海水，是一个休闲的好去处。无论是浮潜还是游泳，包括海钓活动，都对游客具有独特的吸引力。当地的旅行社提供一日游服务，如果想在这个风景如诗般的小岛住上一夜，也是不错的选择。每天都有船只从拉韦海滩往返迈吞岛。

迈吞岛潜水

阁隆岛（Ko Lon）
（地图P076E2）

阁隆岛离查龙湾不远，是一个相对大一些的岛屿。岛上气氛祥和，有如世外桃

阁隆岛海滩

源一般，是一个给身体放松和充电的好地方。岛上有一个典型的热带渔村和一所学校。每天上午八点，都会有船从查龙湾将游客送往岛上，也可以包租一艘长尾汽艇往返，乘船约需20分钟左右。岛上也提供住宿服务。

旅游资讯 地图导览

小纳卡岛（Ko Nakha Noi）（地图P076C3）

位于普吉城区北边约25千米，距离波湾（Ao Po）约6千米的路程。小岛的一切都处于原生态状态，其自然之美在普吉来说无出其右。这片海区是普吉唯一的海水珍珠养殖场，全天对游客开放。游客在这里可以了解到海水珍珠的养殖方法，也可以轻易学会如何辨别真假珍珠的方法。这个方法简单实用，就是拿起珍珠在自己的门牙上轻轻磨一下，光滑的是假珍珠，有摩擦感的是真的。当然，岛上有珍珠纪念品商店供游客们选择。

小纳卡岛

珊瑚岛（Koh Hae 'Coral Island'）（地图P076E2）

位于阁隆岛(Ko Lon)南端。这个小岛的知名之处是因为沙滩的沙子细如粉末，海水碧绿见底，珊瑚和热带鱼类随处可见，是游泳、浮潜、潜水、垂钓的绝佳去处。这个美丽的小岛一年四季很少受季风影响，所以一年到头都可以到岛上活动。许多游客选择珊瑚岛一日游，因为它距离查龙码头仅30分钟的航程。岛上提供住宿服务，详情可咨询普吉旅游机构办公室。

珊瑚岛

披披岛

2. 周边海岛及海湾

披披岛（Ko Phi Phi）（地图P076E3）

披披岛位于普吉岛南面，是世界知名的旅游胜地，也是最佳的摄影地之一。到普吉旅游，最不应该错过的就是披披岛（Ko Phi Phi）一日游活动。人们常说的披披岛是指由大披披岛、小披披岛两个主要岛屿组成的一系列岛。其中大披披岛的通塞湾是披披岛最热闹的地方。

玛雅湾（Ao Maya）

玛雅湾位于小披披岛西南部，那里三面环山、海水碧蓝、沙滩细白，非常适合观景和潜水。是好莱坞著名影星莱昂纳多·迪卡普里奥2000年主演的电影——《迷幻海滩》（The Beach）的外摄地。

凯岛（Koh Kae）

凯岛位于小披披岛东北端，岛上只有一片沙滩，但是白皙的海沙质地细软，清澈的海水仿如一面镜子，到处都有千姿百态的活体珊瑚，数百万种热带鱼随处可见，是浮潜观赏热带鱼的天堂。

猴子沙滩是这里的一大奇观，海边有成片的热带丛林，银白色的沙滩与山上的野生动物园相连。每天都有大批的野生猴子来到海滩上玩耍，因此得名为"猴子沙滩"。

旁边有一个水湾叫桩洞（Pile Cave），是各种鱼类和海龟繁殖的地方。还有一个半露出水面的隐蔽洞穴叫威京洞（Viking Cave），过去是海盗藏身和渔船避险的地方，现在是燕子和其他鸟类的天堂，也是著名的燕窝产地。

攀牙湾

攀牙府位于普吉岛的北部,那里地理构造独特,是探险的极佳去处,也是深水潜游的好地方。攀牙湾1981年就被指定为国家海洋公园,沿海和近海区不仅有红树森林覆盖,还有近百个岛屿点缀,是全国最壮观的风景之一。

蟹眼岛（Koh Dabu）

蟹眼岛位于攀牙湾,那里有一块独立的石灰岩礁石矗立在海中,外形酷似螃蟹的一只眼睛,故而被当地人称之为蟹眼岛。因007系列电影《金枪客》在此拍摄而声名大噪,后来将此岛更名为詹士邦岛(James Bond Island)或007岛。

攀牙湾

旅游须知

1. 国家禁忌

泰国是以佛教为主的国家，佛教文化已深深融入到当地百姓的日常生活中。泰南地区几个府的居民，如也拉、北大年和沙敦府以信仰伊斯兰教为主。普吉府也有部分居民信仰伊斯兰教。因此，几乎所有的国家禁忌都无一例外与宗教尤其是与佛教和伊斯兰教有关。

①佛教徒认为头部是高贵的，不能用手触碰。因此，不要轻易用手触碰泰国人的头部。对小孩子也一样，即使喜欢他，也不要用手去摸他的头部。

②佛教徒认为，左手是不洁的。因此，在递送东西时，不要用左手。尤其不能将东西在别人面前扔过去，这是很不礼貌的。

③在泰国，王室是至高无上的。泰国至今仍有保护王室成员免受冒犯的最为严厉的刑法。无论在什么场合，都不应谈论与王室有关的事情，否则可能会有牢狱之灾。

④进入佛教寺庙要脱鞋，不要穿着吊带装、短裤进入佛教场所。

⑤如到清真寺参观，要遵守寺里的规定，穿着得体，在祈祷期间不得提前离开。

⑥不要携带象牙、象牙制品或其他违禁物品出境。

2013年3月，泰国有关部门向外国游客发出警示，禁止携带象牙和象牙制品出入境泰国，即使佩戴耳钉、手镯等小饰品出境，也可能面临被捕处罚。泰国商务部《携带大象制品出入境泰国须得到批准

(2012)》规定，大象身体的任何组成部分，包括精液、胚胎、汗毛、肉、皮、牙、指甲、骨头、血液、脱氧核糖核酸（DNA）以及相关制成品，均不得携带出入境泰国；如出于教学、科研的需要，须事先经泰国商务部和泰国野生动植物保护委员会（CITES）批准并办理相关手续后方可携带出入境。违反上述规定可能面临4万铢以下罚款或判处4年以下有期徒刑。中国驻泰国使馆据此向中国游客发布了关于泰国禁止携带象牙出入境的提示。

⑦泰国对携带香烟入境规定最高限额为200支（1条），如果超过限额，将面临高额罚款。

⑧如果在贴有"禁止吸烟"的区域或有空调的场所吸烟，可能面临高额罚款。

2. 交往提示

俗话说：入乡随俗。无论是到普吉还是到泰国其他地方旅游，了解一些当地的风俗民情和习惯，对旅游者会有帮助，可以避免因不了解民俗带来的尴尬。希望下列几条注意事项能对国内旅客有所帮助。

①泰国人的民族自尊心较强。尽管国际化程度较高，但语言文化仍是其民族自豪感的重要方面。外国游客到泰国旅游，如果能够学讲几句简单的泰语，哪怕只是打个招呼问声好，他们也会非常高兴。

②泰餐在国际上享有盛名，泰国人对此颇为自豪。因此，他们一般都会问客人是否喜欢泰餐？无论你是否真的喜欢，如果你的回答是赞赏的，泰国人会对你报以微笑。而且他们有可能会接着问你最喜欢

什么？如果你能用泰语发音说三到四种泰餐名字，他们一定会非常高兴。因此，学会几种泰餐的发音是有必要的。

③适当了解一些佛教知识。佛教系泰国最主要的宗教，90%的泰国人信仰佛教，泰国最南部的几个府信仰伊斯兰教。宗教信仰系泰国文化和风俗的重要组成部分。泰国人的语言、行为和习俗深深受到宗教的影响。因此，适当了解一些宗教习俗，对于你的出游以及与泰国人打交道会有帮助。无论你是否为佛教徒，都应该对佛教表示尊重。

对于女性游客而言，建议对僧侣适当保持一定距离，身体不可靠得太近，不要有身体上的任何接触。

④与泰国人交往请保持冷静，不要急躁。普吉的生活节奏同其他地方相比，显得相对慢一些。泰国人的性格比较温和，无论在什么情况下，都要尽量保持冷静，这也是修养的一种表现。生气或大声喧哗是不受欢迎的。

⑤不要与嘟嘟车司机争吵，也不要冲他们发火。有人可能认为普吉的嘟嘟车司机要价过高，你可以跟他讨价还价，但不要争吵。因为普吉的路窄，且有山路，如果一味争吵，影响司机专注驾车容易带来危险。通常而言，多付一点泰铢也没什么，算是给他们的小费好了。

⑥遇事要求助当地旅游警察。旅游业是泰国的支柱产业之一，旅游警察的重要工作就是为游客尤其是外国游客提供服务。一般而言，旅游警察名声不错，也会讲一些英语。如果你感觉受到生命或财产威胁，应该在第一时间找旅游警察。

⑦不要轻易购买珠宝首饰

旅游场所的珠宝首饰价格往往虚高，无论你购买是为了收藏或是自己佩戴，你都会发现你的决定往往是错误的。

⑧关于购物的讨价还价

在旅游点购买纪念品，可以讨价还价，但应该注意适度。讨价还价应心平气和有礼貌。如果语言沟通不便，可以将你出的价写在纸条上，或者用计算器打出你的出价，对方也许会适当降低一些价钱，但不会低于成本价。如此你觉得合理就买，否则放弃。

⑨注意保管个人财物

私人财物如信用卡、银行存折和护照，尽可能安全地保管好，提前复印备份，不要将它们集中放在同一个地方。一些重要的数字如银行账号和护照号码也应该备份。

可考虑在当地泰国银行开设一个临时账户。有人认为在当地的泰

抢劫

国银行开一个账户是不可行的,有时也难以做到,因为银行对于外国人在当地开户的规定经常会有变化,各个银行对政府规定的解读也有不同。如果开设一个当地账户,将使旅游生活变得更加安全和便利。有的银行欢迎你成为他们的客户。

⑩办理医疗保险

如果你准备在普吉逗留一段时间,可考虑购买医疗保险。泰国的医疗费用不便宜,但与西方国家相比会低得多。泰国的私立医院价格高昂,公立医院服务不够好,收费也会高得吓人。你可以从网上或当地的英文报纸上找到声誉较好的医疗保险信息,比如《普吉GAZETTE报》。

⑪遇事第一时间申请领事保护

驻外使领馆肩负中国公民领事保护职能,遇事要立即与大使馆或总领事馆领事部联系,取得他们的帮助。如果游客携带全球漫游手机到普吉旅游,入境后会收到短信通知使领馆的联系方式,请妥善保存。

3. 安全手册

出门在外,首要是安全,不仅包括人身安全,也包括交通安全、财产安全。

①过马路时要注意左右两边来往车辆，因为泰国系右舵驾驶，与国内习惯正好相反。而且道路狭窄，车速较快。如果按照国内的习惯只看左边，容易发生交通事故。

②在普吉尽量不要自行驾车。因方向盘与国内相反，驾车时容易发生逆行。而且普吉山路和弯道多，雨天路滑容易发生交通事故，给生命财产带来损失。

③不要试图在普吉购买地皮和房产。泰国政策规定外国人不得拥有地产，但可购买公寓。购买公寓问题很多，既包括一些隐性支出，日后也很难售出，建议一定要慎重。

④不要在非游泳区游泳。普吉的海水游泳区都有明显标志，如果标明不得在该区域游泳，说明该区域水下情况复杂，游泳有一定危险性，建议不要尝试。

⑤注意潜水安全。有的旅游景点提供潜水项目，务必要在专业人员指导下潜水。尤其避免头盔进水或氧气管泄漏带来生命危险。

⑥注意滑翔伞安全。务必要在专业人员指导下进行，有心脏病或恐高症的人最好不要参与。

⑦出行时要注意财产安全，严防小偷扒窃，如酒店提供保险柜可用来保存贵重物品。发现问题及时报警。

旅游资讯 地图导览

⑧驾驶水上摩托艇要特别注意安全，千万不要发生碰撞或刮蹭，避免不法之徒以摩托艇受损为名索要巨额赔偿。

4. 重要的联络方式

中国驻宋卡总领事馆（The Consulate-General of the People's Republic of China in Songkhla）

地址：泰国宋卡府沙岛路9号（9 Sadao Road, Songkhla, Thailand 90000）

电话：00-66-74-322034，325045

传真：00-66-74-323772

电子邮箱：chinaconsul_skh_th@mfa.gov.cn

领事保护求助热线：00-66-81-7665560（手机）

网址：www.songkhla.chineseconsulate.org

领区范围包括泰南地区十四个府，春蓬（Chumphon）、拉廊（Ranong）、素叻他尼（Surat thani）、那空是贪玛叻（洛坤）（Nakhon Si Thammarat）、攀牙（Phangnga）、普吉（Phuket）、甲米（Krabi）、董里（Trang）、博它伦（Phatthalung）、宋卡（Songkhla）、沙敦（Satun）、北大年（Pattani）、也拉（Yala）、那拉提瓦（陶公）（Narathiwat）。

海边嬉戏的儿童

泰国大象

©《中国公民出游宝典》编委会 2014
所有权利（含信息网络传播权）保留，未经许可，不得以任何方式使用。

图书在版编目（CIP）数据

海岛明珠普吉岛/《中国公民出游宝典》编委会编著. —北京：测绘出版社，2014.5
（中国公民出游宝典）
ISBN 978-7-5030-3389-6

Ⅰ.①海… Ⅱ.①中… Ⅲ.①旅游指南–泰国 Ⅳ.①K933.69

中国版本图书馆CIP数据核字（2014）第033548号

人文地理作者：刘志杰

策　　划	赵　强		
责任编辑	黄　波		
地图编辑	黄　波		
责任印制	陈　超		
出版发行	测绘出版社	电　话	010-83543956（发行部）
地　　址	北京市西城区三里河路50号		010-68531609（门市部）
邮政编码	100045		010-68531363（编辑部）
电子信箱	smp@sinomaps.com	网　址	www.chinasmp.com
印　　刷	北京新华印刷有限公司	经　销	新华书店
成品规格	125mm×210mm	印　张	4.5
字　　数	100千字	版　次	2014年5月第1版
印　　次	2014年5月第1次印刷	定　价	30.00元
书　　号	ISBN 978-7-5030-3389-6/K・437		
审 图 号	GS（2014）148号		

本书如有印装质量问题,请与我社门市部联系调换。